공부
기본기

중학 사회
개념
어휘력

공부기본기 **중학 사회** 개념 어휘력

1판 1쇄 발행 2015년 12월 10일

지은이 김지혜
펴낸이 이재성
기획편집 김민희
디자인 noey
마케팅 이상준

펴낸곳 북아이콘스쿨
등록 제313-2012-88호
주소 150-038 서울시 영등포구 영신로 220 KnK디지털타워 1102호
전화 (02)309-9597(편집)
팩스 (02)6008-6165
메일 bookicon99@naver.com

ⓒ 김지혜, 2015
ISBN 978-89-98160-11-1 53300

공부
기본기

중학 사회
개념
어휘력

글 김지혜

북아이콘스쿨

이 책의 특징

01:

공부는 무엇보다 기본기가 우선입니다.

게임이나 스포츠도 규칙을 모르거나 요령이 없을 때는 재미도 없고 실력도 늘지 않지만, 그 규칙이나 요령을 알고 나면 쉬워지고 흥미가 생겨납니다. 공부도 마찬가지로 알면 재미있고, 재미가 있으면 더 열심히 하고 잘할 수 있게 되는 것입니다.

운동선수에게 기초 체력이 중요하듯이, 공부하는 학생에게는 공부의 기본기가 무엇보다 중요합니다. 기초가 잘 닦여 있어야 응용도 가능하고, 실전력도 생기기 때문입니다. 이에 반해 기본기가 탄탄하지 못하면, 상황 변화에 따른 대응력이 떨어져 쉽게 흔들리게 됩니다. 국어, 수학, 영어, 사회, 과학 등 모든 과목 학습에 있어 튼튼한 기본기가 뒷받침되어야 하는 것입니다. 이러한 공부의 기본기를 갖추는 데는 시간이 걸리지만 궁극적으로는 훨씬 빨리 도달하는 지름길이며, 꼭 통과해야 하는 외나무다리인 것입니다.

02:

개념 이해는 사회 학습에 가장 중요한 기초입니다.

개념이란 많은 지식과 정보의 핵심을 체계화한 것으로, 개념 학습은 공부의 시작이자 끝이라 할 수 있습니다. 즉, 모든 공부의 기본은 개념을 아는 것에서 시작합니다. 교과 내용을 단순히 외우고 문제풀이를 하는 학습 방법으로는 제대로 된 실력을 쌓을 수 없습니다. 과목의 핵심을 원리적으로 이해해야 학습 능력이 향상되는 것입니다. 그러나 대부분의 학생들은 개념을 익히는 것을 힘들어 합니다. 개념어는 단순한 어휘가 아니라 많은 지식이 담겨 있기 때문입니다. 사회 또한 마찬가지입니다. 사회 과목에는 학생들이 어려워하는 지리, 사회, 문화, 정치, 법, 경제 관련 수많은 개념이 있습니다. 이러한 기본 어휘나 개념을 알아야 사회 공부의 이해가 빨라지는 것입니다.

03:
— **개념만 알아도 사회가 재미있고 쉬워집니다.**

사회는 기본 개념부터 확장된 개념까지 정확히 이해해야만 점수를 올릴 수 있습니다. 개념을 확실히 알아야 여러 상황이나 조건에 적용하여 창의적으로 문제를 해결할 수 있기 때문입니다.

그러나 교과서나 참고서에 나오는 개념에 대한 설명은 친절하지 않고 이해하기 쉽지 않습니다. 이에 반해 이 책은 중학생 수준에 맞춰 사회의 개념들을 차근차근 친근하게 설명해 줍니다. 굳이 책을 붙잡고 암기하지 않아도 읽다 보면 개념이 술술 이해될 것입니다.

이 책에는 사회 관련 개념들과 사회를 공부하다 보면 나오는 어휘들이 함께 실려 있습니다. 특히 한자 의미의 이해를 기반으로 개념을 효과적으로 습득할 수 있도록 구성하였습니다. 즉, 연관성 있는 단어들을 묶어 놓고 각각 한자 풀이를 해놓음으로써 한자의 이해를 통해 개념을 손쉽게 익히도록 한 것입니다. 이를 통해 개념 파악뿐만 아니라 사회를 공부하는 재미도 함께 느낄 수 있을 것입니다.

개념도 사전식으로 개별적으로 익히면 그 단어가 어디에 위치하고 있는지 숲을 보지 못하게 되어 학습 효과가 떨어집니다. 이에 반해 이 책은 개념 학습이 각 영역별 계통 속에서 이루어질 수 있도록 구성하여 숲과 나무를 동시에 볼 수 있습니다.

04:
— **개념 학습을 통해 사회 학습 능력이 향상됩니다.**

초등학생 때 공부를 제법 하던 학생이 중학교에 올라가서 성적이 떨어지는 데에는 여러 가지 이유가 있겠지만 일차적으로는 약한 어휘력과 더불어 개념에 대한 이해가 부족하기 때문입니다.

이 책은 중학생들의 어휘력과 독해력이 늘어나고 폭넓게 사고할 수 있도록, 중학생들에게 꼭 필요한 사회 과목의 지리, 사회, 문화, 정치, 법, 경제 개념 전반에 걸쳐 친절하게 해설하고 있습니다. 재미있게 읽고 이해하는 과정을 통해 사회 공부가 쉬워지는 것은 물론이고, 사회를 이해하는 안목이 깊어질 것입니다.

이 책의 차례

心)/ 중화학 공업(重化學工業)/ 남동임해공업지역(南東臨海工業地域)/ 도시 문제(都市問題)/ 인구공동화(人口空洞化)

II	사회	54쪽~81쪽

start!

I

지리

地(땅 지) 中(가운데 중) 海(바다 해):
대륙에 둘러싸인 바다

지중해
(地中海)

1 우리가 사는 세계

우리가 사는 세계를 이해하기 위해서는 자연 지리적 특성과 다양한 기후 현상을 이해할 필요가 있다. 인간은 다양한 환경과 기후 속에서 슬기롭게 적응해 가며 문명과 사회를 일구어 왔다. 과학기술의 발달로 인간은 자연의 제약을 점차 극복할 수 있게 되었지만, 여전히 우리의 삶은 자연환경과 기후로부터 큰 영향을 받는다. 특히 산업화 과정에서 심각해진 환경오염은 자연재해의 규모를 더욱 크게 만들거나, 새로운 유형의 자연재해를 만들어 내는 등 우리의 삶을 위협하고 있다. 우리가 사는 세계에 대한 지리 공간적 이해를 통해 더 나은 생활환경을 만들어 갈 수 있는 방법들을 모색해 본다.

01 위치의 표현과 이해 　지구본(地球本) | 랜드마크(land mark) | 위선(緯線) · 경선(經線) | 본초자오선(本初子午線) | 표준시(標準時) | 지리 정보(地理情報) | 위성항법장치(衛星航法裝置) | 지리 정보 체계(地理情報體系) | 내비게이션(navigation)

02 우리나라의 영토와 통일 　영역(領域) | 영토(領土) | 영해(領海) | 영공(領空) | 기선(基線) | 해리(海里) | 배타적(排他的) 경제수역(經濟水域) | 해양심층수(海洋深層水) | 백두대간(白頭大幹) | 그린피스(Greenpeace)

03 기후와 생활 　기후(氣候) | 식생(植生) | 최한월(最寒月) | 열대 기후(熱帶氣候) | 온대기후(溫帶氣候) | 냉대 기후(冷帶氣候) | 한대 기후(寒帶氣候) | 해양성 기후(海洋性氣候) | 온대계절풍 기후(溫帶季節風氣候) | 개간(開墾) | 평야(平野) | 하천(河川) | 해일(海溢) | 고산 도시(高山都市) | 계절풍(季節風) | 편서풍(偏西風) | 혼합 농업(混合農業) | 관개 수로(灌漑水路) | 조류(潮流) | 간척(干拓)

04 극한 지역에서의 생활 　연교차(年較差) | 일교차(日較差) | 열대 우림(熱帶雨林) | 기호 작물(嗜好作物) | 이동식 화전 농업(移動式火田農業) | 유목(遊牧) | 툰드라(tundra) | 극야 현상(極夜現象) | 백야 현상(白夜現象) | 염장(鹽藏) | 가옥(家屋) | 건조 기후(乾燥氣候) | 지중해성 기후(地中海性氣候)

05 자연경관 　사바나(savanna) | 사파리(safari) | 지중해(地中海) | 파랑(波浪) | 협곡(峽谷) | 풍화(風化) | 해식애(海蝕崖) | 파식대(波蝕臺) | 해식동굴(海蝕洞窟) | 조산운동(造山運動) | 조산대(造山帶) | 기생화산(寄生火山) | 용식(溶蝕) | 용암동굴(鎔巖洞窟) | 카르스트(karst) 지형(地形) | 기반암(基盤巖) | 점성(粘性) | 온천(溫泉) | 주상절리(柱狀節理)

06 자연현상과 자연재해 　홍수(洪水) | 집중호우(集中豪雨) | 열대 저기압(熱帶低氣壓) | 지진(地震) | 화산 활동(火山活動) | 적조(赤潮) | 유수지(遊水池) | 자연재해(自然災害) | 구호물자(救護物資)

01 | 위치의 표현과 이해

우리가 살고 있는 위치를 정확히 표현할 수 있는 것이 우리가 사는 세계를 이해하는 가장 기본적인 과정이라 할 수 있다. 경·위선을 이용해 지구상에서 내가 사는 곳을 표현할 수 있고, 좁은 범위의 위치는 주소나 랜드마크 등을 이용할 수 있다. 오늘날 다양한 지리정보 기술이 발달하면서 더 쉽고 정확하게 지리적 위치를 파악할 수 있게 되었다.

지구본(地球本)	地(땅 지) 球(공 구) 本(근본 본): 지구를 그대로 축소한 모형

지구를 축소하여 표현한 모형이에요. 지구의 대륙과 해양의 분포, 여러 나라의 면적과 형태, 경선과 위선, 국경이나 수도, 대도시 등이 표시되어 있어 넓은 세계 지리를 익히는데 유용하게 사용되지요.

랜드마크 land mark	어떤 지역을 구별하거나 대표하는 사물

어떤 지역을 구별하거나 대표하는 사물을 의미해요. 주로 건물, 조형물, 상징물들이 랜드마크가 되지요. 다른 말로 '표지물(標識物)'이라고도 해요. 예를 들어 에펠탑은 프랑스 파리를 대표하는 랜드마크라고 할 수 있어요.

위선(緯線)	緯(가로 위) 線(선 선): 지표면에 그려놓은 동서 방향의 가상의 선
경선(經線)	經(세로 경) 線(선 선): 지표면에 그려놓은 남북 방향의 가상의 선

보통 지도나 지구본에는 위선과 경선이 그어져 있어요. 이것은 지구 표면상의 각 지점의 위치를 누구나 알 수 있도록 정확하게 표시하기 위하여 고안된 것이지요. 위선은 경선과 함께 지도에서 지표의 위치를 정하는 선이에요. 지표면에 그려놓은 동서 방향의 가상의 선을 말해요. 우리나라는 동서 방향으로 33°에서 43°에 걸쳐 있어요. 이에 반해 경선은 지표면에 그려놓은 남북 방향의 가상의 선을 말해요. 우리나라는 남북 방향으로 동경 124°에서 132°에 걸쳐 있답니다.

위선과 경선

15

본초자오선 (本初子午線)	本(근본 본) 初(처음 초) 子(아들 자) 午(낮 오) 線(선 선): 영국 구(舊) 그리니치천문대를 지나는 자오선, 경도의 기준

런던의 구(舊) 그리니치천문대를 지나는 경선을 말해요. 구 그리니치천문대의 경선은 1884년 국제협정에 의해 지구 경도의 기준점(경도 0°선)으로 정해졌어요. 한국표준시의 자오선과의 경도차는 9시간이에요.

표준시(標準時)	標(표할 표) 準(준할 준) 時(때 시): 특정 지역의 경선을 표준 경선으로 삼아 전국이 공통으로 사용하는 시간

지구는 태양 주위를 돌기 때문에 지역마다 해가 뜨고 지는 시간이 달라질 수 있어요. 하지만 한 나라에서 지역마다 다른 시간을 사용하게 된다면 불편이 크겠죠. 때문에 특정 지역의 경선을 표준 경선으로 삼아 일정 범위 내의 지역에서는 같은 시간대를 사용해요. 이를 표준시라고 해요. 대개 경도 15°차이마다 1시간씩 다른 표준시를 사용한답니다.

지리 정보(地理情報)	地(땅 지) 理(다스릴 리) 情(상태 정) 報(알릴 보): 지표 공간에 대한 체계적 정보

일상생활에 필요한 지표 공간에 대한 체계적인 정보와 지식을 지리 정보라 해요. 과거에는 종이 지도가 지리 정보 제공의 중요한 수단이었지만, 과학기술의 발달로 전자 지도, 위성사진, 컴퓨터, 내비게이션, 스마트폰 등 다양한 지리 정보 기기가 등장했어요.

위성항법장치 (衛星航法裝置)	衛(지킬 위) 星(별 성) 航(배 항) 法(방법 법) 裝(꾸밀 장) 置(둘 치): 인공위성을 이용한 위치 파악 시스템

영문 약자로 GPS(Global Positioning System)라고 해요. 위성항법장치는 인공위성을 이용해서 자신의 위치를 정확히 알 수 있는 시스템이에요. 위도, 경도, 고도 등 보다 정확한 정보를 파악할 수 있어요. 단순 위치정보 제공뿐만 아니라 항공기, 선박, 자동차의 자동항법 및 교통 관제, 지도제작 등의 분야에서 활용되고 있답니다.

지리 정보 체계 (地理情報體系)	地(땅 지) 理(다스릴 리) 情(상태 정) 報(알릴 보) 體 (몸 체) 系(이을 계)

영문 약자로 GIS(Geographic Information System)라고 해요. 지역에 관한 각종 지리 정보를 컴퓨터에 입력해 정보를 처리하고, 그 결과를 분석하여 사용자에게 제공하는 정보 처리 시스템을 말해요. 지리 정보 수집 방식의 과학화와 정보 처리 기술의 발달로 방대한 양의 지리 정보를 수집하고 처리할 수 있게 되면서 발달하게 되었어요.

내비게이션 navigation	지도나 길을 제시하여 운전을 도와주는 장치나 프로그램

지도를 보이거나 지름길을 찾아주어 배나 자동차 등의 운전을 도와주는 장치나 프로그램을 말해요. 처음에는 배가 안전하게 항해하도록 만들어졌지만 그 사용이 확대되어 차량에도 도입되었어요. 내비게이션은 현재 위치를 파악하고 전자 지도를 제시하며, 경로를 안내하는 기능을 갖추고 있어요

02 | 우리나라의 영토와 통일

영토는 국민, 주권과 더불어 국가를 이루는 기본 요소 중 하나이다. 우리나라는 헌법 제3조에서 대한민국의 영토를 한반도와 그 부속 도서(島嶼)로 규정하고 있다. 과거부터 지금까지 영토를 둘러싼 국가 간의 갈등은 지속적으로 존재해 왔다. 우리나라 역시 독도 문제를 둘러싸고 일본과 분쟁을 겪고 있어 이에 대한 슬기로운 대처가 필요하다. 또한 국토의 일체성을 회복하기 위해 통일에 적극적으로 대비하고, 세계 평화를 위해 국제사회와도 긴밀한 협조를 해나가야 한다.

영역(領域)	領(거느릴 영) 域(지경 역): 국가의 주권이 미치는 범위

영역은 국가의 주권이 미치는 범위를 말해요. 영역은 영토(領土), 영해(領海), 영공(領空)으로 구성되어 있어요.

영토(領土)	領(거느릴 영) 土(땅 토): 국가의 영역 중 토지로 구성된 부분

국가의 영역 중에서 토지로 구성된 부분이에요. 영토는 육지와 도서(島嶼, 크고 작은 섬들)로 구성된답니다. 영역 중 영토가 가장 중요한데, 기본적으로 땅이 있어야 영해와 영공이 있을 수 있기 때문이에요. 우리나라 영토는 한반도와 그 부속 도서로 구성되어 있으며, 형태는 남북 약 1,000㎞, 동서 약 300㎞에 달해요.

반면 국경은 주권 국가의 영향력이 배타적으로 미치는 범위로, 국가 간 영토나 공해를 구분하는 경계선을 말해요. 일반적으로 산맥, 하천 등과 같은 지형이나 지구의 경 · 위도와 같은 인위적 기준을 이용하여 나눠요.

영해(領海)	領(거느릴 영) 海(바다 해): 국가의 영유권이 미치는 연안해(沿岸海)

국가의 영유권이 미치는 연안해(沿岸海), 즉 육지와 가까운 바다를 말해요. 우리나라의 영해는 기선(基線)으로부터 측정해서 12해리까지의 수역이에요. 단 대한해협은 일본과의 거리가 가까워 3해리까지를 영해로 정하고 있어요.

영공(領空)	領(거느릴 영) 空(공중 공): 영토와 영해의 상공

영토와 영해의 한계선에서 수직으로 그은 선의 내부 공간, 즉 영토와 영해 위의 하늘을 말해요. 일반적으로 영공은 대기권에 한정된다고 봐요. 오늘날 영공은 항공기와 인공위성 등의 발달로 그 중요성이 더욱 커지고 있어요.

기선(基線)	基(기초 기) 線(선 선): 영해의 바깥 경계를 측정하기 위한 기초 선

영해의 바깥쪽 한계를 측정하기 위한 기초가 되는 선을 기선이라 해요. 기선의 종류에는 통상기선, 직선기선 등이 있답니다. 통상기선은 최대 썰물 때의 해안선으로 단조로운 해안의 영해를 정할 때 기준으로 삼아요. 직선기선은 해안선이 복잡한 지역의 영해를 정할 때 사용하는 기준으로, 영토의 가장 바깥쪽에 있는 섬을 직선으로 연결한 선이에요.

해리(海里)	海(바다 해) 里(리 리): 항해나 항공 등에 사용되는 길이의 단위

항해나 항공 등에서 사용되는 길이의 단위를 말해요. 특히 영해를 정하는 데 자주 사용되지요. 1해리의 길이는 위도 1°에 해당하는 길이로 1,852m와 같아요. 해리의 단위는 'nautical mile'을 줄여 nmile로 사용해요.

배타적(排他的) 경제수역(經濟水域)	排(밀어낼 배) 他(다를 타) 的(과녁 적) 經(다스릴 경) 濟(도울 제) 水(물 수) 域(지경 역): 각 국가의 배타적 권한이 미치는 200해리 이내의 바다

배타적 경제수역이란 기선으로부터 200해리 안쪽의 바다로, 각 국가의 주권이 미치는 지역이에요. 자원 탐사·개발과 해양 환경의 보전 등에 있어 주권적 권리가 인정되지만, 모든 국가의 선박이 수역 내에서 항해할 수 있다는 점에서는 영해와 달라요.

해양심층수 (海洋深層水)	海(바다 해) 洋(바다 양) 深(깊을 심) 層(층 층) 水(물 수): 수심 200미터 이하의 바닷물

태양광이 거의 미치지 못하는 수심 200미터 이하인 바닷물을 말해요. 햇빛이 닿지 않아 세균 번식이 없고 육지에서 유입되는 유해물질이 적은 반면, 미네랄 등의 영양분이 풍부하여 식수로 사용되기도 하고 식품이나 의약품, 화장품 등의 원료로 활용되고 있어요.

백두대간(白頭大幹)	白(흰 백) 頭(꼭대기 두) 大(큰 대) 幹(줄기 간): 백두산에서 지리산까지 이어지는 한반도의 가장 크고 긴 산줄기

조선 후기의 문신이자 실학자인 신경준은 저서 ≪산경표≫에서 한국의 산맥을 1개의 대간(大幹)과 1개의 정간(正幹) 및 13개의 정맥(正脈) 체계로 구분했어요. '산경(山經)'은 산줄기라는 뜻으로, 김정호의 대동여지도에도 산줄기를 중심으로 지형을 파악한 방식이 잘 적용되어 있지요. 우리나라의 굵은 산줄기인 대간은 백두산에서 시작해 동쪽 해안선을 끼고 남으로 뻗어내려 태백산을 거쳐 지리산에 이르게 돼요. 우리나라 산맥은 이 대간을 중심으로 여러 갈래로 뻗어나가 지역을 구분하는 경계선이 되었어요. 이렇듯 백두대간은 한반도의 자연적 상징이자, 우리 민족의 삶의 경계를 나누는 근간이라 할 수 있어요.

그린피스 Greenpeace	국제 환경보호 단체

그린피스는 1971년에 설립된 국제 환경보호 단체로 대표적인 비정부기구(NGO)예요. 핵실험에 반대하고 환경과 동물 보호, 더 나아가 세계 평화 증진을 위해 활동해요. 그린피스라는 명칭은 '녹색의 지구'와 '평화'가 합쳐 만들어 졌어요. 본부는 네덜란드 암스테르담에 있어요.

03 | 기후와 생활

인간의 삶은 자연환경과 기후의 영향을 크게 받는다. 인류는 거주하기 적합한 자연환경과 기후를 중심으로 문명을 일구어 왔다. 하지만 척박한 환경에서도 슬기롭게 제약을 극복하면서 독특한 생활양식을 형성해 오고 있다. 다양한 기후의 특성을 알아보고 이에 적응하며 살아가는 사람들의 삶의 모습을 살펴보자.

기후(氣候)	氣(기후 기) 候(기후 후): 특정 장소의 장기간에 걸친 평균적 대기 상태

특정 장소에서 오랜 기간 동안 매년 비슷한 시기에 측정한 대기의 평균 상태를 기후라고 해요. 반면 날씨는 매일의 기온, 습도, 강수량 등을 측정한 것을 말하지요. 기온 차에 따라 세계의 기후는 크게 열대, 온대, 냉대, 한대 기후로 구분해요.

식생(植生)	植(식물 식) 生(날 생): 특정 지역에 분포하고 있는 식물군

식생은 특정 지역에 분포하고 있는 식물군을 말해요. 지역의 기후와 고도에 따라 분포하는 식생이 다양해진답니다. 세계의 식생은 강수량에 따라 삼림, 초원, 사막으로 구분돼요.

최한월(最寒月)	最(가장 최) 寒(찰 한) 月(달 월): 가장 추운 달

1년 중 월평균 기온이 가장 낮은 달을 말해요. 반대로 1년 중 가장 더운 달은 최난월(最暖月)이라고 해요. 북반구의 최한월은 대개 1월이나 2월, 남반구는 7월이나 8월인 경우가 많아요. 반면 최난월의 경우 북반구는 7월 또는 8월, 남반구는 1월 또는 2월이 일반적이에요.

열대 기후(熱帶氣候)	熱(더울 열) 帶(띠 대) 氣(기후 기) 候(기후 후): 적도 부근의 저위도 지역에 나타나는 연중 고온 다습한 기후

위도 상으로 북위 30°에서 남위 25° 사이의 적도 부근에서 나타나는 기후로, 연평균 기온이 18℃ 이상, 연강수량 2,000㎜ 이상의 연중 고온 다습한 기후를 말해요. 기온의 일교차가 연교차보다 크게 나타나요. 열대 기후는 열대 우림, 열대 사바나, 열대 몬순으로 구분된답니다.

온대 기후(溫帶氣候)

溫(따뜻할 온) 帶(띠 대) 氣(기후 기) 候(기후 후): 중위도 지역에 분포하는 4계절의 변화가 뚜렷한 기후

최한월(最寒月)의 평균기온이 −3℃에서 18℃이며 열대와 한대 기단의 영향으로 4계절의 변화가 뚜렷한 기후를 온대 기후라 해요. 위도 상 중위도 지역이 온대 기후에 해당해요. 우리나라도 온대 기후에 속하죠. 평균적으로 기온이 온화해 인류가 가장 많이 살아요. 같은 온대 지방이라도 지리적 위치에 따라 기온, 강수량 등에 차이가 커요.

냉대 기후(冷帶氣候)

冷(찰 냉) 帶(띠 대) 氣(기후 기) 候(기후 후): 온대와 한대 사이에 위치한 추운 기후

북반구의 온대와 한대 사이에 위치하는 지역의 기후를 말해요. 아한대(亞寒帶) 기후라고도 불러요. 최한월 평균 기온이 −3℃ 미만, 최난월 평균 기온이 10℃ 이상인 지역이에요. 겨울에는 몹시 춥고 여름은 짧아요.

한대 기후(寒帶氣候)

寒(찰 한) 帶(띠 대) 氣(기후 기) 候(기후 후): 고위도 극지방에서 나타나는 수목이 자랄 수 없는 추운 기후

고위도의 극지방에 나타나는 기후예요. 연중 기온이 낮아 수목이 자랄 수 없어요. 최난월의 기온도 10℃를 넘지 않을 정도로 추위가 강한 곳이에요. 남극대륙처럼 1년 내내 얼음이나 눈으로 덮여 있는 빙설기후와 이끼식물이 자랄 수 있는 툰드라기후로 나뉘어요.

해양성 기후 (海洋性氣候)

海(바다 해) 洋(바다 양) 性(성질 성) 氣(기후 기) 候(기후 후): 바다의 영향으로 밤과 낮, 여름과 겨울의 기온 차가 적고 습윤한 기후

바다와 가까운 지역에 나타나는 기후예요. 바다의 영향으로 대륙성 기후에 비해 밤과 낮, 여름과 겨울의 기온 차이가 적고 강우량이 많으며 습도가 높아요. 또 바다의 영향으로 공기가 식거나 더워지는 시간이 늦어져서 연중 최고기온과 최저기온이 나타나는 시기가 내륙보다 늦어요.

온대계절풍 기후 (溫帶季節風氣候)	溫(따뜻할 온) 帶(띠 대) 季(계절 계) 節(절기 절) 風(바람 풍) 氣(기후 기) 候(기후 후): 온대에 속하는 계절풍이 부는 지역에서 나타나는 기후

온대에 속하는 대륙 동부의 계절풍이 부는 지역에서 나타나는 기후를 말해요. 여름에는 해양의 습도가 높은 계절풍이 불어와 비가 많이 오고 습도가 높아요. 겨울에는 대륙에서 불어오는 차갑고 건조한 바람의 영향을 받지요. 아시아 동부, 미국 동남부, 남아메리카 남동부 지역이 여기에 속해요.

개간(開墾)	開(열 개) 墾(개간할 간): 토지를 농업에 이용하기 위해 개발하는 일

식량부족 문제를 해결하기 위해 산을 농지로 개발하거나, 척박한 땅을 농작물을 심을 수 있는 비옥한 땅으로 만드는 일을 개간이라 해요. 우리나라는 국토의 2/3가 산으로 되어 있어 개간할 수 있는 땅이 많은 편이에요.

평야(平野)	平(평평할 평) 野(들판 야): 기복이 작고 지표면이 평평한 땅

기복(起伏, 지세의 높고 낮음)이 작고 지표면이 평평한 땅을 평야라 해요. 우리나라에서는 대부분 서해안과 남해안에 평야가 발달했어요. 평야는 강 하류에 흙과 모래가 쌓여 만들어진 퇴적평야와 암석이 침식을 받아 만들어진 침식평야로 구분할 수 있어요. 우리나라 대부분의 평야는 퇴적평야이고 주로 논으로 이용되고 있답니다.

하천(河川)	河(강 하) 川(내 천): 지표면에서 흐르는 물길

지형을 구분할 때는 산지, 하천, 평야, 해안 등으로 구분해요. 하천은 지표면에서 흐르는 물길을 말해요.

해일(海溢)	海(바다 해) 溢(넘칠 일): 폭풍, 지진, 화산폭발 등으로 인해 바닷물이 육지로 넘쳐 들어오는 현상

해일은 폭풍, 지진, 화산폭발 등으로 인해 바닷물이 육지로 넘쳐 들어오는 현상이에요. 폭풍에 의한 해일은 태풍이라 하고, 바다의 밑바닥에서 일어나는 지진이나 화산폭발로 인해 발생하는 해일은 쓰나미(tsunami)라고 해요.

고산 도시(高山都市)	高(높을 고) 山(산 산) 都(도시 도) 市(시장 시): 해발고도 2,000m 이상의 고지대에 발달한 도시

주로 저위도 지역에서, 대체로 해발고도 2,000m 이상의 고지대에 발달한 도시를 고산 도시라고 해요. 저위도 지역은 기온과 습도가 높아 사람들이 살기에 적합하지 않은 기후이지만, 고지대는 서늘해서 이곳에 도시가 발달했어요. 특히 남아메리카에서 고산도시가 발달했답니다. 볼리비아 수도 라파스, 콜롬비아 수도 보고타, 멕시코 수도 멕시코시티는 모두 해발고도 2,000m 이상의 고지대에 있어요.

계절풍(季節風)	季(계절 계) 節(절기 절) 風(바람 풍): 육지와 바다의 비열 차로 인해 여름과 겨울에 방향이 바뀌는 바람

겨울과 여름에 방향이 바뀌는 바람을 계절풍이라 해요. 겨울과 여름의 바다와 육지의 온도차이로 인해 생겨요. 바다가 육지보다 비열이 높아 겨울에는 바다보다 육지의 기온이 더 빨리 내려가요. 그래서 육지 위에 큰 고기압이 발생하지요. 한편 상대적으로 온도가 높은 바다 위에서는 저기압이 발생하죠. 따라서 겨울에는 대륙에서 해양 쪽으로 차가운 바람이 불어요. 반대로 여름에는 해양에서 대륙 쪽으로 바람이 불지요. 계절풍이 강하게 나타나는 지역은 동남아시아와 인도 지역이에요.

편서풍(偏西風)	偏(치우칠 편) 西(서쪽 서) 風(바람 풍): 중위도 지역에서 서쪽에서 동쪽으로 부는 바람

중위도 지역에서 서쪽에서 동쪽으로 부는 바람을 편서 풍이라 하고, 편서풍이 강하게 부는 지역을 편서풍대 라고 해요. 서부 유럽은 바다 쪽에서 일 년 내내 불어 오는 편서풍의 영향으로 위도가 높아도 겨울에 춥지 않고 강수량이 고른 서안해양성기후를 보여요.

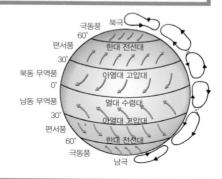

혼합 농업(混合農業)	混(섞을 혼) 合(합할 합) 農(농사 농) 業(일 업): 농작물 재배와 가축 사육을 함께 하는 농업 방식

혼합은 무엇인가를 섞는다는 뜻을 지닌 말이죠. 혼합 농업이란 농작물 재배와 가축 사육을 섞 어서 하는 농업 형태를 말해요. 혼합 농업이 발달한 지역은 서부 유럽이에요. 서부 유럽은 과 거 빙하가 있었던 곳으로 토양이 비옥하지 못하지만 기후가 온화하고 강수량이 적당해서 가축 이 먹을 수 있는 목초 재배에 알맞아요. 그래서 밀, 보리와 같은 식량 작물과 함께 목초, 옥수 수, 사탕무와 같은 사료 작물을 함께 재배하고 가축을 기르는 혼합 농업이 발달했어요. 오늘날 에는 상업적 농업의 일환으로 발전해 오고 있어요.

관개수로(灌漑水路)	灌(물 댈 관) 漑(물 댈 개) 水(물 수) 路(길 로): 농사에 필요한 물을 끌어와 경작지에 공급하는 시설

농작물이 잘 자라기 위해서는 물을 안정적으로 공급하는 것이 중요해요. 강수량에만 의존할 수 없기 때문에 수로, 즉 물길을 만들어 저수지나 강으로부터 물을 끌어와 농지(農地, 농사짓는 데 쓰는 땅)에 물을 댄답니다. 이처럼 농사에 필요한 물이 이동하는 통로를 관개수로라 해요.

조류(潮流)	潮(조수 조) 流(흐를 류): 조석 현상의 영향으로 일어나는 바닷물의 수평적 흐름

지구와 해, 그리고 달 사이의 인력(引力, 서로 끌어당기는 힘) 작용으로 바다에서는 밀물과 썰물 현상이 생겨요. 이것을 조석(潮汐) 현상이라고 해요. 이러한 조석 현상의 영향으로 일어나는 바닷물의 흐름을 조류라고 한답니다. 바다가 육지 쪽으로 들어와 있는 만(灣)이나, 두 개의 육지 사이에 끼여 있는 좁고 긴 바다인 해협(海峽)은 조류가 빨라 배가 항해하기 어려워요.

간척(干拓)	干(막을 간) 拓(넓힐 척): 갯벌을 육지로 만드는 일

해안의 갯벌을 메워 새로운 육지를 만드는 것을 말해요. 과거에는 간척 사업을 활발히 해서 갯벌을 농경지나 공장부지 등으로 활용했어요. 하지만 최근에는 갯벌의 환경적 가치가 발견되고 간척 사업으로 인해 해양 생태계 파괴 문제가 대두되면서 간척 사업에 논란이 많아요.

04 | 극한 지역에서의 생활

우리가 사는 세계에는 인간이 살기에 적합하지 않은 지역이 존재한다. 바로 열대 우림 지역, 건조 지역, 툰드라 지역이 대표적으로 거주하기 힘든 지역에 속한다. 그런데 이들 지역에서도 주어진 환경에 잘 적응하며 나름의 삶의 방식을 발전시킨 사람들이 있다. 이들의 생활양식을 자연환경과 연결지어 알아봄으로써 우리가 사는 다양한 세계에 대한 이해를 도모할 수 있다.

연교차(年較差)	年(해 연) 較(비교할 교) 差(다를 차): 일 년 동안 측정한 최저기온과 최고기온의 차이

일 년 동안 측정한 평균 최저기온과 최고기온의 차이를 연교차라 해요. 평균 최저기온과 최고기온은 일반적으로 각각 1월과 7월의 평균기온을 말해요. 북쪽지방과 내륙지방일수록 연교차가 크게 나타나요.

일교차(日較差)	日(날 일) 較(비교할 교) 差(다를 차): 하루 중 최고기온과 최저기온의 차이

하루의 최고기온과 최저기온의 차이를 일교차라 해요. 일사량과 복사량의 변화에 따라 하루 동안 기온의 변화가 일어나게 돼요. 일반적으로 흐린 날보다는 맑은 날이, 해안보다는 내륙지방이, 저위도 지방보다는 고위도 지방의 일교차가 더 크게 나타나요. 우리나라의 경우 위도에 관계없이 해안이나 내륙이냐가 일교차에 큰 영향을 준답니다.

열대 우림 (熱帶雨林)	熱(더울 열) 帶(띠 대) 雨(비 우) 林(수풀 림): 적도 근처의 고온 다습한 지역

열대 우림은 가장 추운 달의 평균 기온이 18℃ 이상인 매우 더운 지역이에요. 연중 기온과 습도가 높고 강수량도 많아 다양한 종류의 나무가 빽빽하고 높게 자란답니다. 주로 활엽수와 맹그로브라고 불리는 나무들이 자라요. 짧은 시간에 집중적으로 내리는 소나기인 '스콜(scuall)'도 특징이에요. 적도 부근의 열대 지방에서 한낮에 정기적으로 내리는 세찬 소나기를 스콜이라 해요. 강한 햇빛으로 인한 대기 상승작용 때문에 발생해요. 강풍이나 천둥, 번개를 동반하기도 해요. 열대 지방에서는 스콜 덕분에 잠시 무더위를 식힐 수 있어요.

27

기호 작물 (嗜好作物)	嗜(즐길 기) 好(좋을 호) 作(지을 작) 物(물건 물): 담배, 카카오 등 사람들이 즐기는 작물

'기호'란 즐기고 좋아한다는 뜻의 말이에요. 일반적으로 음식이나 술, 담배, 차 등에 대한 선호를 말해요. 술의 원료가 되는 작물, 담배, 커피, 사탕수수, 카카오 등이 대표적인 기호 작물이지요. 열대 우림 지역에서는 농작물이 잘 자라는 더운 기후와 풍부한 원주민의 노동력을 이용하여 기호 작물을 대량 재배하는 플랜테이션(plantation)이 발달했어요.

이동식 화전 농업 (移動式火田農業)	移(옮길 이) 動(움직일 동) 式(방식 식) 火(불 화) 田(밭 전) 農(농사 농) 業(업 업): 옮겨 다니며 나무나 풀을 불 태워 그 재를 거름삼아 농사를 짓는 방식

화전 농업은 나무를 불태워서 그 재를 거름으로 삼아 농사를 짓는 방식을 말해요. 열대 우림 지역처럼 비가 많이 와서 흙 속의 영양분이 씻겨 나가 땅이 척박한 지역에서 많이 사용하는 방식이에요. 4~5년을 주기로 토지의 양분이 사라지면 다른 지역으로 이동하며 다시 화전을 일궈요. 옛날 우리나라에서는 토지가 없는 농민들이 산에 들어가 나무와 풀을 태워 농사를 지을 수 있는 땅으로 만들어 살아가기도 했어요.

유목 (遊牧)	遊(떠돌 유) 牧(기를 목): 가축이 먹을 물과 풀을 찾아 이동하며 살아가는 방식

가축이 먹을 물과 풀을 따라 가축 떼를 몰고 다니면서 살아가는 방식을 유목이라 해요. 중앙아시아, 서아시아, 아프리카 북부의 사막이나 반(半)건조 지대에서 환경에 적응하기 위해 발달한 생활방식이에요.

툰드라 tundra	최난월이 10℃ 이하로 나무가 거의 자라지 못하는 기후

툰드라라는 말은 '나무가 없는 지방', '동토(凍土, 언 땅) 지대'라는 뜻으로, 우랄 지방의 옛말에서 유래했어요. 툰드라는 최난월이 10℃이하여서 나무가 거의 자라지 못하고 3~4월의 여름철에만 지의류, 선태류 등의 이끼류만 자라요. 한대지역에서 나타나는 식생이에요.

극야 현상(極夜現象)	極(다할 극) 夜(밤 야) 現(나타날 현) 象(모양 상): 극지 방에서 겨울철에 밤이 계속되는 현상

지구 극지방에서는 겨울철에 밤이 계속되는 극야 현상이 일어나요. 북반구 고위도 지역에서는 12월 22일을 중심으로, 남반구 지역에서는 6월 21일을 중심으로 이러한 현상이 나타나요. 남반구와 북반구는 계절이 반대로 나타나기 때문에, 북반구에서 극야가 일어나면 남반구에서는 백야가 나타나지요. 이러한 현상은 지구의 자전축이 23.5° 기울어진 채 태양 주위를 공전하기 때문에 발생해요. 극지방은 여름이면 태양 쪽으로 기울어 늘 햇빛을 받아 낮이 이어지고, 겨울이면 태양의 반대쪽으로 기울어 햇빛을 못 받아 밤이 이어지는 날이 생기게 되는 것이에요.

백야 현상(白夜現象)	白(흰 백) 夜(밤 야) 現(나타날 현) 象(모양 상): 극지방 에서 한여름에 낮이 계속되는 현상

극지방에서 한여름에 태양이 지평선 아래로 내려가지 않아 낮이 계속되는 현상이 나타나요. 이를 백야 현상이라고 해요. 북반구에서는 6월 21일 무렵, 남반구에서는 12월 22일 무렵에 나타나요.

염장(鹽藏)	鹽(소금 염) 藏(감출 장): 소금을 이용하여 식품을 저장하는 방식

염장은 음식을 오래 저장할 수 있는 방법 중 하나예요. 소금을 이용해서 고기, 어패류, 야채 등을 저장하는 방법이지요. 소금을 식품에 뿌리거나 소금물에 담가 두면 삼투압(滲透壓) 작용에 의해 미생물이 자라지 못하게 되어 오랫동안 썩지 않고 보관할 수 있어요. 햄, 젓갈, 단무지 등이 대표적인 염장식품이랍니다.

가옥(家屋)	家(집 가) 屋(집 옥): 집을 포함한 건물

한자로는 집을 의미하지만 집을 포함하여 일반적인 건물을 가리키는 넓은 의미로 쓰여요. 가옥의 형태는 지역의 기후에 큰 영향을 받지요. 우리나라의 북부 지방은 추운 겨울 날씨에 대비하기 위해 따뜻한 공기가 잘 빠져나가지 않도록 방을 두 줄로 배열하는 겹집구조가 발달했어요. 반면 덥고 습한 여름이 긴 남부 지방에서는 바람이 잘 통하도록 마루가 잘 발달했고 건물도 흩어져 있답니다.

건조 기후 (乾燥氣候)	乾(마를 건) 燥(마를 조) 氣(기후 기) 候(기후 후): 강수량이 부족하여 식물이 자라기 어려운 기후

연 강수량이 250㎜ 미만의 건조한 기후를 말해요. 건조 기후 지역에서는 식물이 자라는 데 필요한 수분이 부족해서 풀과 나무가 자라기가 어려워요. 건조한 정도에 따라 사막기후와 초원기후(스텝기후)로 나뉘어요.

지중해성 기후 (地中海性氣候)	地(땅 지) 中(가운데 중) 海(바다 해) 性(성질 성) 氣(기후 기) 候(기후 후): 여름에는 기온이 높고 건조하며, 겨울에는 온난하고 비가 많이 내리는 기후

지중해는 유럽, 아시아, 아프리카 세 대륙으로 둘러싸인 바다예요. 지중해 근처의 지역은 여름에 기온은 높지만 강수량이 적어 비교적 쾌적한 날씨를 보여요. 때문에 여름에 지중해로 휴가를 오는 사람들이 많지요. 한편 겨울에는 비가 많이 내리고 온화해요. 지중해 연안 지역에서는 이러한 기후에 맞춰 여름에는 올리브, 오렌지, 포도 등의 작물을 재배하고, 겨울에는 밀과 보리 등을 기른답니다.

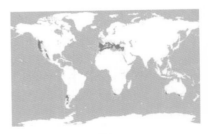

지중해성 기후 분포 지역

05 | 자연경관

한 지역의 기후와 지형은 그 지역의 자연경관을 형성한다. 그리고 사람들은 자연경관을 이용해 관광지로 개발하거나 자신의 나라를 대표하는 상징물로 삼기도 한다. 아프리카 케냐는 만년설(萬年雪, 연중 녹지 않는 눈)로 뒤덮인 킬리만자로와 다양한 야생동물이 살고 있는 사바나 초원이 유명하며, 매년 많은 관광객들이 이곳을 방문한다. 우리나라는 사계절이 뚜렷한 기후를 자랑하며 곳곳에 빼어난 경관을 지니고 있다. 기후 및 지형과 관련된 다양한 자연경관을 살펴보고 그 특성을 익힌다.

사바나savanna	**건기와 우기가 뚜렷한 열대 초원**

열대 우림과 사막 중간에 분포하는 열대 초원을 사바나라고 해요. 키가 큰 풀과 키 작은 나무들이 분포해요. 사바나 기후는 열대 우림 기후처럼 연중 기온이 높지만, 연중 비가 많이 내려 삼림이 우거지는 열대 우림과 달리 태양의 고도 변화에 따라 우기와 건기가 뚜렷하게 구분돼요. 우기에는 기온이 높고 비가 많이 내려 풀이 잘 자라고 동물들이 이동해 와요. 반면 건기에는 햇빛이 강하고 비가 내리지 않아 동물들의 생존이 위태로워지는 시기예요. 개간을 하여 커피, 목화, 사탕수수와 같은 열대 작물을 대규모로 재배하는 플랜테이션 농업이 이뤄져요.

사파리safari	**사바나 기후에서 야생을 직접 체험할 수 있는 관광**

아프리카 동부에서 쓰이는 스와힐리어로 사파리는 원래 '여행'을 의미해요. 하지만 단순한 여행이 아니라 자연을 체험하고 야생 동물을 만날 수 있는 여행을 말한답니다. 아프리카 여러 나라에서는 열대 초원 지대를 국립공원으로 지정하고 사파리를 관광 상품으로 개발하고 있어요.

지중해(地中海)	地((땅 지) 中(가운데 중) 海(바다 해): 대륙에 둘러싸인 바다

지중해는 '육지 속의 바다'라는 뜻이에요. 두 개의 다른 대륙으로 둘러싸인 바다를 지중해라 해요. 일반적으로 아프리카, 아시아, 유럽에 둘러싸여 있는 유럽 지중해를 일컫지만 실제로 흑해, 카리브해, 남중국해도 지중해에 속한답니다.

파랑(波浪)	波(물결 파) 浪(물결 랑): 풍랑과 너울

파랑은 풍랑과 너울을 한꺼번에 일컫는 말이에요. 풍랑은 바람으로 인해 바다 표면이나 물 표면에 생기는 파도이고, 너울은 다른 지역에서 발생한 풍랑이 바람이 없는 다른 바다까지 영향을 미쳐 생긴 파도예요.

협곡(峽谷)	峽(골짜기 협) 谷(골짜기 곡): 폭이 좁고 경사가 급한 골짜기

폭이 좁고 경사가 급한 골짜기를 말해요. 협곡은 지반이 융기한 뒤 침식을 받아 생긴 것이에요. 대규모 협곡으로 미국의 그랜드캐니언을 예로 들 수 있어요.

그랜드캐니언

풍화(風化)	風(바람 풍) 化(될 화): 암석이 지표면에서 기계적 · 화학적 작용으로 인해 부서지는 현상

암석이 지표면에 드러나서 바람, 공기와 물, 그리고 식물의 뿌리 등에 의해 부서지는 작용을 풍화라고 해요. 빗물이나 지하수에 녹아있는 성분으로 인해 암석이 변하거나 분해되는 현상을 화학적 풍화라고 하고, 암석 내부의 수분이 얼었다 녹았다를 반복하면서 부서지는 등의 현상은 기계적 풍화라고 하지요.

해식애(海蝕崖)	海(바다 해) 蝕(좀먹을 식) 崖(벼랑 애): 바닷물 운동으로 인해 생긴 해안 절벽

해안 침식 지형 중 하나예요. 해식애는 파도와 조류와 같은 바닷물의 운동과 풍화작용으로 해안가 땅이 침식을 당해 생긴 절벽을 말해요. 단단한 암석인 부분은 침식이 덜 되어 바다 쪽으로 튀어나오거나 작은 바위섬으로 존재하기도 해요. 이런 바위섬을 시스택(sea stack)이라고도 해요.

해식애

파식대(波蝕臺)	波(물결 파) 蝕(좀먹을 식) 臺(대 대): 파도의 침식작용으로 생긴 해안가의 평탄한 암반면

해안 침식 지형 중 하나예요. 파도의 침식작용으로 해안가에 형성된 평탄한 암반면을 말해요. 단순한 파식작용만으로는 형성되지 않고 풍화작용이 파식작용을 도와서 만들어져요. 밀물과 썰물의 차이가 큰 해안이나 외해(外海, 육지와 인접하지 않은 넓은 바다)에 노출된 해안에서 넓게 발달해요.

파식대

해식동굴(海蝕洞窟)	海(바다 해) 蝕(좀먹을 식) 洞(동굴 동) 窟(굴 굴) : 바닷가에서 파도나 조류에 의해 생긴 동굴

해안선 가까이에서 파도나 조류에 의해 암석층의 갈라진 틈이나 단층 등 약한 부분이 깎이면서 생긴 동굴을 해식동굴이라 해요.

해식동굴

조산운동(造山運動)	造(지을 조) 山(산 산) 運(옮길 운) 動(움직일 동): 습곡, 단층 운동에 의해 길고 좁은 산맥이 형성되는 작용

판구조론에 따르면 지표는 판(plate)이라고 하는 맨틀 위를 둥둥 떠다니는 지각들로 구성되어 있어요. 여러 개의 판들이 계속해서 움직이면서 충돌하기도 하는데 이때 발생하는 힘으로 지층이 휘거나 끊어지기도 해요. 조산운동이란 판의 충돌로 인해 발생한 습곡이나 단층 운동에 의해 길고 좁은 띠 모양의 산맥이 형성되는 작용을 말해요.

조산대(造山帶)	造(지을 조) 山(산 산) 帶(띠 대): 조산운동으로 형성된 좁은 산맥

조산운동으로 형성된 좁은 산맥을 조산대라고 해요. 조산대는 과거에 조산운동이 있었거나 현재까지 활발한 지역이고, 화산이나 지진이 일어나는 지역과 일치해요. 대표적인 조산대로는 환태평양 조산대, 알프스-히말라야 조산대가 있어요.

기생화산(寄生火山)	寄(기댈 기) 生(살 생) 火(불 화) 山(산 산): 큰 화산 옆에 붙어 있는 작은 화산

커다란 화산의 중턱이나 기슭에 형성된 작은 분화구를 말해요. 용암과 화산 분출물이 올라오는 주된 통로가 갈라져 옆으로 다른 분화구를 이루거나, 통로 자체가 이동하여 만들어지기도 해요. 우리나라의 제주도 한라산 주변에는 약 370여 개의 기생화산이 분포해요.

용식(溶蝕)	溶(녹을 용) 蝕(좀먹을 식): 암석의 광물 성분이 물에 녹는 현상

지형을 변화시키는 작용 중 하나예요. 빗물이나 지하수가 암석과 만나면 암석의 광물 성분과 물이 만나 화학적 변화가 일어나요. 차츰 광물 성분이 물에 녹아서 암석이나 지층이 침식되는 화학적 풍화작용이 일어나지요. 카르스트 지형은 석회암이 용식되어 만들어진 대표적인 지형이에요.

용암동굴(鎔巖洞窟)	鎔(녹일 용) 巖(바위 암) 洞(동굴 동) 窟(굴 굴) : 용암이 지표를 흐르면서 만들어 낸 동굴

용암동굴은 화산 활동에 의해 형성된 동굴 중 하나예요. 화산이 폭발해서 용암이 지표면을 흘러내릴 때 용암 표면 아래에서 생긴 동굴이에요. 용암이 지표를 흐르며 표면이 서서히 식어가지요. 하지만 내부에서는 굳지 않은 용암이 계속 흘러가요. 그러다가 내부 용암이 표피를 뚫고 나가면서 속이 빈 공간이 만들어지게 돼요. 이것이 바로 용암동굴이랍니다.

카르스트Karst 지형(地形)	카르스트 地(땅 지) 形(모양 형): 석회암이 녹아 형성된 지형

석회암이 지하수나 빗물에 녹아서 형성된 지형으로, 지표가 움푹 패인 돌리네 (doline)와 지하의 석회암 동굴이 대표적인 카르스트 지형에 속해요. 우리나라에서는 단양, 영월, 삼척에 돌리네가 발달해 있어요.

석회암 동굴

돌리네

기반암(基盤巖)	基(기초 기) 盤(바탕 반) 巖(바위 암): 어느 한 지역의 기반을 이루고 있는 암석

어느 한 지역의 표층 밑의 기반을 이루고 있는 암석을 기반암이라고 해요. 주로 화성암이나 변성암으로 구성되어 있어요. 기반암이 풍화작용을 받아 토양이 형성되지요.

점성(粘性)	粘(끈끈할 점) 性(성질 성): 끈끈한 성질

어떤 물질이 지니고 있는 끈끈한 성질을 말해요. 마그마가 지표로 분출한 것을 용암이라 하는데, 용암 중에는 점성이 커서 잘 흐르지 않은 것과 점성이 작아 유동성(流動性)이 높은 것이 있어요. 점성이 큰 용암은 급경사의 산지를, 작은 용암은 완경사의 산지를 만들어요.

온천(溫泉)	溫(따뜻할 온) 泉(샘 천): 뜨거워진 지하수가 지표로 흘러나오는 것

지하수가 지열이나 마그마 등에 의해 데워져 온도가 높아진 상태로 지표로 흘러나오는 것을 온천이라고 해요. 사람들은 오래 전부터 목욕을 하거나 병을 치료하는 등의 목적으로 온천을 이용해 왔어요. 오늘날에는 온천 주변 지역을 관광지로 개발해 큰 수익을 올리고 있답니다.

주상절리(柱狀節理)	柱(기둥 주) 狀(형상 상) 節(마디 절) 理(다스릴 리): 단면 모양이 오각형이나 육각형인 기둥 모양의 절리

화산이 폭발하여 용암이 분출되어 나오면서 급격히 식을 때 부피가 줄어들어 암석 사이에 틈이 생겨요. 이 틈은 오랜 풍화작용으로 점차 더 벌어지게 돼요. 이러한 틈새를 절리(節理)라고 하지요. 그중 주상절리는 단면 모양이 오각형이나 육각형의 기둥 모양인 것을 말해요. 우리나라에서는 제주도의 주상절리가 유명하죠.

제주도 주상절리

06 | 자연현상과 자연재해

뉴스를 통해 우리는 세계 곳곳에서 일어나는 자연재해 소식을 자주 접하고 있다. 지진과 해일, 홍수, 화산폭발 등 다양한 자연재해가 발생하는 원인과 종류를 알고 이것이 인간 생활에 미치는 영향에 대해 파악해 본다.

홍수(洪水)	洪(큰물 홍) 水(물 수): 한꺼번에 많은 비가 내려 물이 흘러 넘쳐 발생하는 자연재해

한꺼번에 많은 비가 내려 하천이나 호수의 물이 흘러넘쳐 피해를 주는 자연재해 현상을 말해요. 열대 저기압이 통과하거나 고온 다습한 계절풍의 영향으로 집중호우(集中豪雨)가 발생하면 홍수가 일어날 수 있어요. 홍수는 농경지와 가옥을 침수시키고 지반을 약하게 만들어 산사태를 일으켜요. 홍수 뒤에는 식수(食水)가 오염돼 질병이 유행하기도 해요. 이렇게 홍수 피해를 입은 지역을 수해 지역(水害地域)이라 부르지요.

집중호우 (集中豪雨)	集(모일 집) 中(가운데 중) 豪(성할 호) 雨(비 우): 좁은 지역에서 짧은 시간에 많은 비가 한꺼번에 내리는 현상

좁은 지역에서 짧은 시간 안에 많은 비가 내리는 현상을 집중호우라고 해요. 보통 한 시간에 30mm 이상이나 하루에 80mm 이상의 비가 내릴 때, 또는 연강수량의 10%에 해당하는 비가 하루에 내릴 때를 말해요.

열대 저기압 (熱帶低氣壓)	熱(더울 열) 帶(띠 대) 低(낮을 저) 氣(공기 기) 壓(누를 압): 적도 부근 열대 바다에서 생긴 저기압

열대 저기압은 적도 부근의 열대 바다에서 생긴 저기압이에요. 저기압이 생긴 장소에 따라 부르는 이름이 달라요. 북태평양 서쪽 해상에서 생긴 저기압을 태풍(typhoon), 북대서양·카리브 해·멕시코 만에서 생긴 것을 허리케인(hurricane), 인도양·아라비아 해·벵골 만에서 6~11월에 생긴 것을 사이클론(cyclone), 남태평양에서 발생한 것을 윌리윌리(willy-willy)라고 해요.

지진(地震)	地(땅 지) 震(진동할 진): 판의 충돌과 분리로 생긴 지구 내부 에너지가 지표면으로 전달되어 지각이 갈라지고 흔들리는 현상

지구를 둘러싸고 있는 가장 바깥층을 지각(地殼)이라고 불러요. 지각은 여러 개의 판(plate)으로 구성되어 있는데 이 판들은 축적된 지구 에너지에 의해 서서히 움직이면서 서로 충돌하거나 분리된답니다. 이 과정에서 생긴 엄청난 힘이 지표면으로 전달되어 지각이 갈라지고 흔들리는 현상이 나타나는데, 이를 지진이라고 해요.

지진

화산 활동(火山活動)	火(불 화) 山(산 산) 活(살 활) 動(움직일 동): 마그마가 지각의 약한 부분을 뚫고 분출되는 현상

지구 내부에서 형성된 마그마가 지각의 약한 부분을 뚫고 분출되는 현상을 말해요. 화산이 분출하면 용암과 화산재에 의해 가옥과 농경지가 파괴되고 삼림이 황폐해져요. 화산 활동은 인간에게 큰 피해를 주지만 사람들은 화산 주변의 지열(地熱)을 이용해 전기를 만들거나 온천을 개발하는 등 유용하게 이용해 왔어요.

화산 활동

적조(赤潮)	赤(붉을 적)) 潮(바닷물 조): 부영양화로 인해 바다나 강이 붉게 변하는 현상

적조는 바다에 사는 플랑크톤이 엄청나게 번식해서 바다나 강의 색깔이 붉게 변하는 현상이에요. 대개 붉은 색을 띠지만 플랑크톤의 색에 따라 갈색, 오렌지색을 띠기도 해요. 적조가 일어나는 원인은 부영양화(富營養化), 즉 물에 플랑크톤의 먹이가 되는 유기 양분이 너무 많아서예요. 적조가 나타나면 물 속 산소 농도가 낮아져 바다 속 생물들이 살기 어려워져요.

유수지(遊水池)	遊(떠돌 유) 水(물 수) 池(연못 지): 일시적으로 홍수량의 일부를 저장하여 물이 넘치지 않도록 이용하는 지역

일시적으로 홍수량의 일부를 저장하여 강물이 넘치지 않도록 이용되는 지역을 말해요. 하천의 상류 범람지처럼 자연적으로 유수지 역할을 하는 곳도 있고, 필요에 따라 인공적으로 만들기도 해요.

자연재해(自然災害)	自(스스로 자) 然(그러할 연) 災(재앙 재) 害(해할 해): 자연현상으로 인해 당하는 재난

기후, 지형 등 자연현상으로 인해 입는 재난을 말해요. 자연재해는 기후 재해와 지질 재해로 구분해요. 기후 재해로는 태풍이나 큰 비로 입게 되는 풍수해, 눈으로 인한 설해(雪害), 서리로 인한 상해(霜害), 가뭄으로 인한 한해(旱害)가 있어요. 지질 재해에는 지진, 화산폭발, 산사태, 지진에 의한 해일(海溢) 등이 있어요. 천재지변(天災地變)이라고도 해요.

구호물자(救護物資)	救(도울 구) 護(보호할 호) 物(물건 물) 資(재물 자): 재해 및 재난 등으로 어려움에 처한 사람들을 돕기 위해 제공되는 물건

구호란 재해나 재난으로 어려움에 처한 사람을 돕고 보호하는 활동을 말해요. 구호물자는 이러한 구호활동 과정에서, 피해를 입은 사람들에게 제공되는 물건들이에요.

2 인구

인구는 한 사회를 이해하는 데 필요한 가장 기본적인 요소이다. 한 사회 인구의 분포와 규모, 인구 구조와 이동 등은 그 사회의 특성을 잘 보여주며, 미래 변화의 모습을 예측할 수 있게 해 준다. 따라서 인구에 대한 연구는 매우 중요하며 인구와 관련된 다양한 사회 현상과 문제에 대해서도 깊은 이해가 필요하다. 특히 현대 사회는 대개 인구의 도시 집중과 고령화라는 대표적인 문제를 경험하고 있다. 이러한 인구 문제에 대처하기 위한 방안 역시 적극적으로 모색되어야 한다.

01 인구 분포와 인구 문제

인구(人口) | **인구 분포**(人口分布) | **인구밀도**(人口密度) | **수도권**(首都圈) | **난민**(難民) | **교포**(僑胞) | **인구이동**(人口移動) | **이촌향도**(移村向都) | **성비불균형**(性比不均衡) | **인구 부양력**(人口扶養力) | **출산율**(出産率) | **평균수명**(平均壽命)

02 도시 발달과 도시 문제

촌락(村落) | **도시**(都市) | **도시화율**(都市化率) | **위성도시**(衛星都市) | **신도시**(新都市) | **도심**(都心) | **중화학 공업**(重化學工業) | **남동임해공업지역**(南東臨海工業地域) | **도시 문제**(都市問題) | **인구공동화**(人口空洞化)

01 │ 인구 분포와 인구 문제

지구에는 약 70억 명이 넘는 인구가 살아가고 있지만 이들이 세계 전 지역에 고루 분포하고 있는 것은 아니다. 인구는 주로 북반구, 특히 아시아 지역에 절반 이상이 집중되어 있다. 인구가 특정 지역에 집중되어 있는 이유에는 크게 기후, 지형 등과 같은 자연적 요인과 산업, 교통 등 인문적 요인이 있다. 산업화 과정에서 인구는 농촌에서 도시로 이동했으며, 오늘날에는 개발도상국에서 선진국으로의 이동도 두드러진다. 이로 인해 발생하는 다양한 사회 문제들도 존재한다. 지역 간 인구 불균형과 저출산 및 고령화 현상 등은 현대 사회가 겪고 있는 심각한 사회 문제로 인식되고 있다.

인구(人口)	人(사람 인) 口(입 구): 일정 지역 안에서 거주하고 있는 사람들의 수

인구란 일정 지역 안에서 거주하고 있는 사람들의 수를 말해요. 인구의 증감, 연령별 구성, 평균수명 등을 통해 그 사회를 이해할 수 있기 때문에 인구를 조사하고 연구하는 일은 매우 중요해요.

인구 분포(人口分布)	人(사람 인) 口(입 구) 分(나눌 분) 布(펼 포): 인구가 공간적으로 퍼져있는 상태

인구 분포란 인구가 공간적으로 퍼져있는 상태를 말해요. 인구 분포는 지형 · 기후 · 자원의 분포와 같은 자연적 요인과 산업과 같은 사회적 요인 등에 의해 영향을 받아요. 본래 인구가 많이 거주하는 곳은 지형이 평탄하고 기후가 온화하며, 토양이 비옥한 곳이에요. 오늘날에는 산업이 발달한 지역에 인구가 많이 분포해요.

인구밀도(人口密度)	人(사람 인) 口(입 구) 密(빽빽할 밀) 度(정도 도): 일정 단위 면적에 거주하고 있는 인구수의 비율

일정 단위 면적에 거주하고 있는 인구수의 비율을 인구밀도라 해요. 보통 1㎢안의 인구수로 계산해요. 인구밀도가 지나치게 높은 지역은 사람들의 삶의 질이 떨어질 수 있어요. 또 인구밀도를 고려해 그 지역의 개발 정책 방향 등을 정할 수 있죠. 따라서 인구밀도는 그 지역의 특성을 나타내는 기본적인 지표라고 할 수 있어요.

수도권(首都圈)	首(으뜸 수) 都(도시 도) 圈(범위 권): 수도를 중심으로 이뤄진 대도시권

수도권이란 한 나라의 수도를 중심으로 이뤄진 대도시권을 의미해요. 우리나라는 서울특별시와 그 주변에 있는 경기도와 인천광역시 정도를 말해요.

난민(難民)	難(어려울 난) 民(백성 민): 전쟁, 자연재해 등으로 어려움에 빠지거나 어려움을 피해 다른 지역과 나라로 이동하는 사람들

난민은 일반적으로 전쟁이나 자연재해 등으로 어려움에 빠진 사람들을 일컫는 말이에요. 최근에는 인종, 종교, 정치, 사상 등의 차이로 인해 받는 박해나 전쟁으로부터 벗어나기 위해 다른 나라나 지역으로 탈출하는 사람들까지를 포함하고 있어요.

교포(僑胞)	僑(타관살이 교) 胞(형제자매 포): 다른 나라에 살고 있는 우리 동포

다른 나라에 살고 있는 우리 동포를 교포라고 해요. 우리나라에서 교포가 생긴 것은 일제 강점기 무렵부터라고 할 수 있어요. 항일 운동을 위해 중국 등지로 망명하거나, 일제의 이민정책과 어려운 생활을 견디지 못해 만주로 떠난 경우, 강제 징용으로 일본에 끌려간 경우 등을 예로 들 수 있어요. 이후 많은 사람들이 다양한 이유와 목적으로 해외로 이주하여 세계 곳곳에 교포들이 거주하고 있답니다.

인구이동(人口移動)	人(사람 인) 口(입 구) 移(옮길 이) 動(움직일 동): 지역 사이에서 발생하는 인구의 이동

지역과 지역 사이에서 발생하는 인구의 이동을 말해요. 일반적으로 일자리를 찾아서, 또는 교육을 받기 위해 다른 지역으로 이동하지요. 인구이동은 동기에 따라 강제 이동과 자발적 이동으로 나뉘고, 또 이동 범위에 따라 국내 이동과 국제 이동으로 나뉘어요. 산업화 과정에서 나타난 이촌향도(移村向都) 현상이 대표적인 인구이동의 사례예요.

이촌향도(移村向都)	移(떠날 이) 村(시골 촌) 向(향할 향) 都(도시 도): 농촌을 떠나 도시로 향하는 현상

산업화 과정에서는 도시에 일자리가 많이 생겨요. 도시를 중심으로 2·3차 산업이 발달하기 때문이지요. 더불어 각종 편의시설과 교육시설도 도시에 들어서게 된답니다. 사람들은 일자리를 구하고 편의시설 등을 누리기 위해 농촌을 떠나 도시로 이동해요. 이러한 현상을 이촌향도 현상이라고 해요. 우리나라는 1960년대 이후부터 급격한 도시화와 이촌향도 현상을 경험했어요. 이에 따라 다양한 사회 문제가 발생했답니다. 대표적인 사례가 도시 문제와 농촌 황폐화 현상이에요.

성비불균형 (性比不均衡)	性(성별 성) 比(비교할 비) 不(아닐 불) 均(고를 균) 衡(평평할 형): 남녀 성별 비율이 불균형적인 상태

성비란 여성 100명에 대한 남성의 수를 말해요. 보통 103~107 정도를 정상적인 성비로 봐요. 과거 우리나라는 남성이 여성에 비해 훨씬 많은 성비불균형 상태에 있었지만 요즘 그 정도가 점차 완화되고 있는 추세예요. 성비불균형 현상의 원인으로는 예로부터 남아(男兒)를 선호하는 전통이 꼽혀요.

인구부양력 (人口扶養力)	人(사람 인) 口(입 구) 扶(도울 부) 養(기를 양) 力(힘 력): 한 나라의 사용 가능한 자원으로 그 나라의 인구가 생활할 수 있는 능력

한 나라의 사용 가능한 자원으로 그 나라의 인구가 생활할 수 있는 능력을 인구부양력이라 해요. 한 나라의 인구 규모가 주어진 자원을 이용하여 생활할 수 있는 인구 규모보다 더 큰 경우를 '인구 과잉'이라고 해요. 인구 과잉 상태에서는 사람들의 삶의 질이 떨어지게 되지요.

출산율(出産率)	出(날 출) 産(낳을 산) 率(비율 율): 한 여성이 평생 동안 낳은 평균 자녀수

출산율이란 한 여성이 평생 출산하는 평균 자녀수예요. 일반적으로 여성의 가임기(可妊期)를 15세에서 49세 사이로 보기 때문에, 출산율은 이 시기에 낳은 평균 자녀수를 의미하기도 해요. '합계 출산율'이라고도 한답니다. 오늘날 우리나라를 포함한 많은 나라들이 출산율이 낮아지는 저출산(低出産) 현상을 겪고 있어요. 낮은 출산율은 인구 감소로 이어져 경제 성장과 사회통합 등에 좋지 않은 영향을 미친답니다.

평균수명(平均壽命)	平(평평할 평) 均(고를 균) 壽(목숨 수) 命(목숨 명): 0세의 기대여명

어떤 사람이 평균적으로 얼마만큼 살 수 있다고 기대하는지를 수치로 나타낸 값을 평균수명이라 해요. 일반적으로 0세의 기대여명(企待餘命, 어떤 사람이 몇 년을 살 수 있을지에 대한 기대)을 평균수명이라고 하지요. 평균수명은 그 사회의 공중보건 상태 등 삶의 질을 확인할 수 있는 중요한 지표가 된답니다.

02 | 도시 발달과 도시 문제

산업화 과정에서 급속히 발달한 도시는 계속해서 사람들을 끌어 모으고 있다. 풍부한 일자리와 즐길 거리, 교육 및 의료 시설 등은 사람들을 도시로 끌어들이는 중요한 요인으로 작용하고 있다. 이로 인해 농촌은 공동화 현상이 가속화되고 있으며 도시는 수용능력을 초과하는 인구로 인해 몸살을 앓고 있다. 이러한 문제를 해결하기 위해서는 도시 인구를 분산하고 농촌을 활성화시키는 방안들이 모색되어야 한다.

촌락(村落)	村(마을 촌) 落(마을 락): 1차 산업을 통해 생활하는 지역사회

촌락은 도시에 대응하는 개념이에요. 주로 농업, 임업, 수산업, 목축업 등과 같은 1차 산업을 통해 생활을 하는 지역사회를 말한답니다. 전통적으로 우리나라는 배산임수(背山臨水, 산을 등지고 물을 앞에 둠) 지역에 촌락이 발달했어요.

도시(都市)	都(도읍 도) 市(시장 시): 2·3차 산업에 종사하는 인구와 다양한 자원이 집중되어 있는 거주 형태

촌락과 함께 인간의 대표적인 거주 형태예요. 한자를 통해 짐작할 수 있듯이, 도시는 한 나라의 도읍과 시장 역할을 함께 하는 곳에서 발달하기 시작했지만, 오늘날 도시는 다양한 요인에 의해 생겨요. 도시는 촌락에 비해 큰 인구집단을 이루고, 다양한 자원이 집중되는 곳이지요. 주로 2·3차 산업에 종사하는 사람들이 많아요.

도시화율(都市化率)	都(도읍 도) 市(시장 시) 化(될 화) 率(비율 율): 전체 인구 중 도시에 사는 인구의 비율

도시화율은 전체 인구 중에서 도시에 사는 인구가 차지하는 비율을 말해요. 오늘날 세계 인구의 절반은 도시에 산다고 할 수 있을 정도로 전 세계적으로 도시화율은 높은 편이에요. 선진국에서의 도시화율은 이미 70%를 넘은 경우가 많아요. 도시화율을 기본 자료로 국가는 국토개발계획과 도시 정책 등을 만들어요.

위성도시(衛星都市)	衛(지킬 위) 星(별 성) 都(도읍 도) 市(시장 시): 대도시 주변에 발달한 중소 도시

대도시를 둘러싸고 발달한 중소 도시를 말해요. 원래는 대도시로의 인구 집중을 막기 위해 대도시 근처에 계획적으로 만든 도시를 의미했지만, 최근에는 대도시 주변에 분포하는 근교 도시를 일컫는 개념으로 사용되고 있어요. 위성도시는 산업, 교육, 주거 등 주변 대도시가 담당하는 기능 중 일부를 나눠서 담당해요.

신도시(新都市)	新(새 신) 都(도읍 도) 市(시장 시): 계획된 목적에 따라 새롭게 개발된 도시

계획에 따라 목적을 가지고 새롭게 개발된 도시를 신도시라 해요. 대도시의 인구집중 현상을 해소하기 위해 주변에 건설한 도시들이 신도시에 해당된답니다. 서울 근교에 생긴 대표적 신도시로 일산, 분당, 평촌을 들 수 있어요.

도심(都心)	都(도시 도) 心(중심 심): 행정, 경제, 상업, 문화 활동이 이뤄지는 도시의 중심부

도시에서 주된 행정, 경제, 상업, 문화 활동이 이뤄지는 중심부를 말해요. 도시에서 가장 땅값이 비싸고 고층빌딩 등이 밀집되어 있는 곳이에요. 낮에는 도심으로 출근하고 밤에는 빠져나가는 인구가 많아요.

중화학 공업 (重化學工業)	重(무거울 중) 化(변화 화) 學(배울 학) 工(장인 공) 業(일 업): 중공업과 화학공업을 함께 일컫는 말

철강, 자동차, 조선(造船, 배를 만듦), 기계 등과 같은 무거운 제품을 생산하는 중공업과, 석유화학과 같은 화학공업을 일컬어 중화학 공업이라고 해요. 일반적으로 공업은 섬유공업과 같은 경공업(輕工業, 가벼운 공업)에서 중화학 공업으로 발전해 나가요. 우리나라도 1960년대에는 경공업, 70년대 이후부터는 중화학 공업이 발달하기 시작했어요.

남동임해공업지역 (南東臨海工業地域)	南(남쪽 남) 東(동쪽 동) 臨(임할 임) 海(바다 해) 工(장인 공) 業(일 업) 地(땅 지) 域(지경 역): 우리나라 남동 해안에 위치한 공업지대

우리나라 남동 해안에 위치한 공업지대를 말해요. 원료를 수입하고 제품을 수출하기 편리하도록 해안가에 위치하고 있어요. 포항에서 여수에 이르는 지역으로 띠 모양을 이루고 있지요. 1970년대 이 지역에 제철, 석유화학을 중심으로 한 중화학 공업 단지가 만들어지면서 포항, 울산, 마산, 창원 등이 공업 도시로 성장하게 되었어요. 더불어 주변 지역에 공업 시설이 들어서면서 우리나라를 대표하는 공업지대로 발전하게 되었답니다.

도시 문제(都市問題)	都(도읍 도) 市(시장 시) 問(물을 문) 題(물음 제): 도시 로의 인구 집중 현상으로 인해 발생하는 다양한 사회 문제

도시에 인구가 집중되면서 발생하게 되는 다양한 사회 문제 현상을 말해요. 도시 인구가 급증하면서 더 많은 일자리, 편의시설, 주택 등이 필요해졌지만, 이를 충족하지 못하면서 여러 문제가 발생해요. 실업, 빈곤, 주택부족, 교통난, 환경오염, 범죄 등이 대표적인 문제예요. 도시 문제를 해결하기 위해 신도시 개발과 도시환경정비 등의 사업이 실시되고 있어요.

인구공동화 (人口空洞化)	人(사람 인) 口(입 구) 空(빌 공) 洞(동네 동) 化(될 화): 도심의 인구가 감소하고 도시 외곽 지역의 인구가 증가하 는 현상

도심 지역의 인구가 감소하고 도시 외곽 지역의 인구가 증가하는 현상을 말해요. 도심의 땅값이 상승하고, 교통난, 환경오염 등 주거지로서의 가치가 떨어지면서 상주인구(常住人口, 한 지역에 주소를 두고 사는 인구)가 감소하는 것이죠.
한편 접근성은 어떤 한 지역이나 시설로 가까이 다가갈 수 있는 가능성과 정도를 나타내는 말이에요. 시간과 거리가 접근성을 따질 때 중요해요. 접근성이 높은 지역은 도로가 발달하고 대중교통 수단 등을 통해 쉽게 접근할 수 있는 지역을 말해요. 접근성이 높을수록 땅값이 높고 토지 이용이 집약적(集約的, 하나로 모아 뭉뚱그림)으로 나타난답니다.

3 자원과 환경

인간이 살아가기 위해서는 자원을 이용해 에너지를 얻어야 한다. 하지만 자원 및 자원 개발은 여러 가지 문제를 일으키기도 한다. 산업화 과정에서 우리가 주로 사용해 왔던 화석연료는 매장량에 한계가 있고 분포도 편재되어 있어 자원 활용과 배분 과정에서 갈등의 소지가 있다. 또한 화석연료가 만들어 내는 오염물질이 환경을 파괴하고 있다. 이러한 문제를 해결하기 위해 신재생 에너지의 사용과 더불어 지속 가능한 개발을 실천해야 할 것이다.

01 자원의 개발과 이용

자원(資源) | **천연자원**(天然資源) | **자원**(資源)**의 편재성**(偏在性) | **화석연료**(化石燃料) | **신재생**(新再生) **에너지** | **태양광 발전**(太陽光發電) | **조력 발전**(潮力發電) | **사회 기반 시설**(社會基盤施設) | **고도화**(高度化)

02 환경 문제와 지속 가능한 발전

사막화(沙漠化) | **황사**(黃砂) | **산성**(酸性)**비** | **유전자조작식품**(遺傳子操作食品) | **지속**(持續) **가능**(可能)**한 발전**(發展)

03 | 자원의 개발과 이용

인류에게 유용한 자원은 대부분 유한하지만 그 수요는 계속해서 증가하고 있어 해결책 마련이 시급하다. 광물 자원과 에너지 자원 등 자원을 둘러싼 국가 간의 분쟁도 잦아지고 있다. 또한 자원의 고갈로 인해 안정적 에너지 확보가 위협받고 있는 실정이다. 이러한 문제를 해결하기 위해 화석연료를 대체할 수 있는 대체 에너지 개발이 진행되고 있다.

자원(資源)	資(재물 자) 源(근원 원): 인간 생활에 유용하게 이용되는 모든 것

자원이란 인간 생활에 유용하게 이용되는 모든 것을 말해요. 넓은 의미로 노동력과 같은 인적 자원과 사회 제도, 전통 같은 문화적 자원도 자원에 포함돼요. 하지만 일반적으로는 천연자원을 의미해요.

천연자원(天然資源)	天(하늘 천) 然(그러할 연) 資(재물 자) 源(근원 원): 인간이 생활에 이용할 수 있는 천연 상태로 존재하는 모든 자원

인간이 생활에 이용할 수 있는 자연에 존재하는 모든 자원을 일컫는 말이에요. 천연 상태에서 채취하여 가공하면 생활물자나 생산의 원료가 되기도 하고, 천연자원을 이용하여 에너지를 얻을 수도 있어요. 철, 구리와 같은 광물 자원과 석유, 석탄과 같은 에너지 자원뿐만 아니라 공기와 물 같은 것도 천연자원에 속해요.

자원(資源)의 편재성(偏在性)	資(재물 자) 源(근원 원) 偏(치우칠 편) 在(있을 재) 性(성질 성): 자원이 특정 지역에 치우쳐 매장되어 있는 현상

자원이란 인간 생활에 유용한 물질을 말해요. 천연자원이 대표적인 자원이죠. 안타깝게도 우리에게 필요한 자원은 전 세계, 전 지역에 고루 퍼져 있는 것이 아니에요. 중동 지역은 전 세계 석유 매장량의 55%를 차지하고 있답니다. 이처럼 자원이 고루 분포되어 있지 않고 특정 지역에 매장되어 있는 현상을 자원의 편재성이라 해요.

화석연료(化石燃料)	化(될 화) 石(돌 석) 燃(탈 연) 料(헤아릴 료): 과거 지구 상에 살았던 생물의 유해가 화석화하여 만들어진 천연연료

화석연료란 먼 옛날 지구상에 살았던 생물의 유해가 오랜 세월에 걸쳐 화석화하여 만들어진 연료를 말해요. 종류에는 석탄, 석유, 천연가스, 오일샌드 등이 있어요. 인류는 화석연료를 사용하여 엄청난 발전과 변화를 경험했지만, 화석연료는 매장량에 한계가 있고 오염물질을 많이 배출시킨다는 문제점을 가지고 있어요.

신재생(新再生) 에너지	新(새 신) 再(다시 재) 生(날 생) 에너지: 햇빛, 물, 지열 등을 이용하여 얻는 에너지

현대인의 삶은 에너지에 의존하고 있다고 해도 과언이 아니에요. 하지만 우리가 사용하고 있는 화석 에너지 자원은 한정되어 있어 에너지 부족과 고갈(枯渴, 점차 말라 사라짐)에 대비해야 한다는 목소리가 커지고 있어요. 더불어 기존의 화석 에너지는 환경오염을 유발한다는 점에서 한계가 있어요. 신재생 에너지는 이러한 문제점을 해결하고 화석 에너지를 대체할 수 있는 자원을 말해요. 햇빛, 물, 지열(地熱), 강수(降水), 생물유기체(바이오매스) 등을 이용하여 에너지를 얻는 방법들이 대표적이에요. 이런 신재생 에너지는 고갈될 염려가 없고 오염을 거의 일으키지 않는다는 장점을 지니고 있지요.

태양광 발전 (太陽光發電)	太(클 태) 陽(볕 양) 光(빛 광) 發(일어날 발) 電(전기 전): 햇빛을 이용해 전력을 생산하는 방식

태양 전지를 이용해 햇빛을 전기로 바꿔 전력을 생산하는 방식이에요. 햇빛을 이용하기 때문에 에너지원이 무한하고 공해가 발생하지 않는다는 장점이 있지만, 초기 설치 및 투자비가 많이 들고 날씨에 전력량이 좌우된다는 단점이 있어요.

조력 발전(潮力發電)	潮(조수 조) 力(힘 력) 發(일어날 발) 電(전기 전) : 조수간만의 차이를 이용하여 전력을 얻는 방식

밀물과 썰물 때의 해수면 높이 차이를 전력으로 바꾸는 방식이에요. 만조(滿潮, 밀물이 가득 찬 상태)때 들어온 바닷물을 저수지에 가두었다가 간조(干潮, 바닷물이 빠진 상태) 때 물을 배출시켜 발전기를 돌려 전기를 얻어요. 에너지원이 무한하고 공해를 만들지 않는다는 장점이 있어요.

사회 기반 시설 (社會基盤施設)	社(모일 사) 會(모일 회) 基(기초 기) 盤(바탕 반) 施 (실시할 시) 設(설치할 설): 국가와 경제생활의 기반을 형성 하는 기초적인 시설

국가와 경제생활의 기반을 형성하는 기초적인 시설을 말해요. 철도, 도로나 항만, 공항 등과 같은 시설과 정보 통신망과 같은 시스템 등을 예로 들 수 있어요. 이들 시설은 여러 가지 생산 활동에 간접적으로 기여하고 국가 경제발전의 기초이기 때문에 '사회간접자본'이라고도 불러요. 영어로는 '인프라스트럭쳐(infrastructure)'라고 해요.

고도화(高度化)	高(높을 고) 度(정도 도) 化(될 화): 어떤 것의 정도가 높 아지거나 혹은 정도를 높이는 것

고도화란 어떤 것의 정도가 높아지거나 혹은 정도를 높이는 것을 의미해요. 예를 들어 '산업 구조의 고도화'란 1차 농업에서 2차 제조업, 3차 서비스 산업으로 산업의 중심축이 이동해 가는 것을 말하지요.

02 | 환경 문제와 지속 가능한 발전

지구 온난화로 인해 빙하가 녹고 공기 오염으로 산성비가 내리는 등, 과거에는 경험하지 못했던 새로운 위험들이 인류를 위협하고 있다. 환경 문제는 개별 국가 차원의 문제가 아니라 전 세계가 함께 해결을 모색해야 할 문제이다. 이를 위해서는 지속 가능한 발전을 통해 현재 세대와 미래 세대가 함께 성장을 누릴 수 있어야 한다. 또한 일상 속에서 환경을 보호할 수 있는 작은 일들을 실천해 나가는 성숙한 자세가 필요하다.

사막화(沙漠化)	沙(모래 사) 漠(사막 막) 化(될 화): 사막이 아니었던 지역이 사막으로 변해가는 현상

사막(沙漠)은 메마르고 건조하여 식물이 자라기 힘든 지역을 말해요. 바다와의 거리나 기압 등의 영향으로 만들어지는 기후랍니다. 그런데 지구 온난화에 따른 가뭄과 과도한 개발로 점차 숲이 사라지고 토지가 사막으로 변해가는 현상이 생겨나고 있어요. 이렇게 원래 사막이 아니었던 지역이 사막으로 변해가는 현상을 사막화라 한답니다.

황사(黃砂)	黃(누를 황) 砂(모래 사): 중국과 몽골 사막 및 고원 지대의 먼지가 이동하여 대기를 오염시키는 현상

말 그대로 노란색 모래나 먼지를 뜻해요. 중국과 몽골 사막 및 황토 고원 지대의 먼지가 편서풍을 타고 이동하여 우리나라까지 와서 공기 중에 떠다니며 공기를 오염시키는데, 이를 황사 현상이라고 해요. 우리나라에서는 편서풍이 불고 건조한 날씨가 계속되는 봄에 주로 황사가 심하게 나타나요. 황사가 발생하면 하늘이 뿌옇게 변해 농작물이 자라는 데 좋지 않은 영향을 미치고 인체의 호흡기에도 나쁜 영향을 준답니다.

산성(酸性)비	酸(신 산) 性(성질 성): 대기오염으로 산성도가 pH 5.6 미만인 비

환경오염이 심해지면서 산성비 문제가 심각해지고 있어요. 산성비란 산성도를 나타내는 수소이온농도지수(pH)가 5.6 미만인 비를 말해요. 일반적으로 빗물은 pH 5.6~6.5 정도의 약산성 상태이지만 대기오염이 심해지면서 산성도가 강해지는 현상이 나타나고 있답니다. 자동차의

배기가스, 공장과 가정에서 사용하는 석탄과 석유 등이 연소되면서 나오는 물질들이 대기 중에 축적되어 수증기와 만나 비를 산성으로 만들어요. 산성비는 생물의 생장(生長, 나서 자람)에 악영향을 미치고 토양을 산성화시켜 삼림을 황폐하게 만들어요. 또한 건물의 금속 철재와 콘크리트를 부식시키는 등 여러 문제를 일으키지요.

유전자조작식품 (遺傳子操作食品)	遺(남길 유) 傳(전할 전) 子(접미사 자) 操(조종할 조) 作(지을 작) 食(먹을 식) 品(물건 품): 유전공학 기술을 이 용해 만든 새로운 형질의 식품

유전공학 기술을 활용해 생물의 유전자에서 우수하고 유용한 형질만을 취하여 새로운 품종을 만드는 등의 방법으로 만든 식품을 유전자조작식품이라 해요. 영어 약자로 GMO(Genetically Modified Organism)라고 불러요. 유전자조작식품은 식량 부족 문제와 보관상의 문제 등을 해결할 수 있어 제2의 녹색혁명이라고 불릴 정도로 각광받고 있어요. 하지만 자연 상태에서는 존재하지 않는 형질이나 유전자 식품이 인체에 미칠 영향을 두고 끊임없는 논란이 일고 있어요.

지속(持續) 가능 (可能)한 발전(發展)	持(지킬 지) 續(이을 속) 可(옳을 가) 能(능할 능) 發 (필 발) 展(펼 전): 미래 후손과 자연환경을 고려한 발전

인간은 자연환경을 이용하고 자원을 개발하면서 발전해 왔어요. 하지만 산업화 이후 빠른 발전을 진행해 오면서 환경파괴와 오염이 심각해지고 있답니다. 지속 가능한 발전이란 개발을 하면서도 동시에 환경과 미래 세대를 생각하는 '환경친화적 개발'을 의미해요. 이 개념은 1987년 '세계환경개발위원회'가 발표한 보고서에서 처음 제시되었어요. 대규모 무절제한 개발이나 환경을 파괴하는 활동을 통제하고, 모든 분야의 개발에서 환경친화성을 고려하여 미래 세대가 좋은 환경 속에서 지속적으로 성장해 갈 수 있도록 하자는 내용을 담고 있어요.

start!

II

사회

生(날 생) 涯(끝 애) 週(회전할 주) 期(기간 기):
탄생에서 죽음에 이를 때까지의
과정을 단계별로 구분한 것

생애주기
(生涯週期)

1 개인과 사회

개인은 사회를 이루는 기본 요소이자 다양한 사회 현상의 주체이다. 개인은 다양한 사회화 기관을 통해 지속적인 사회화를 경험함으로써 사회 성원으로서의 규범과 가치관을 익히게 된다. 사회 속의 개인은 결코 홀로 생활할 수 없으며, 다양한 사회 집단 속에서 나름의 지위를 차지하고 역할을 수행하면서 사회적 상호작용을 이루어 간다. 나아가 사람들과의 지속적 상호작용을 통해 유기적인 사회적 관계를 형성하게 된다. 이렇듯 사회는 사회화된 개인과 개인, 그리고 사회 집단과의 끊임없는 상호작용과 사회적 관계망을 통해 유지, 발전되어 가는 것이다.

01 인간의 사회화

사회화(社會化) | 재사회화(再社會化) | 사회화 기관(社會化機關) | 사회화 기관(社會化機關)의 종류(種類) | 생애주기(生涯週期) | 정체성(正體性) | 질풍노도(疾風怒濤) | 사회적 상호작용(社會的相互作用) | 사회적 관계(社會的關係) | 사회적 지위(社會的地位) | 귀속 지위(歸屬地位) | 성취지위(成就地位) | 역할(役割) | 역할 행동(役割行動) | 역할갈등(役割葛藤) | 역할 긴장(役割緊張) | 역할 모순(役割矛盾)

02 사회 집단

사회 집단(社會集團) | 1차 집단(一次集團) | 2차 집단(二次集團) | 공동 사회(共同社會) | 이익 사회(利益社會) | 내집단(內集團) | 외집단(外集團) | 준거 집단(準據集團) | 준거 집단(準據集團)의 역할(役割) | 차별(差別) | 사회적 소수자(社會的少數者) | 비정부 기구(非政府機構) | 비정부 기구(非政府機構)의 이해(理解) | 시민단체(市民團體)

01 | 인간의 사회화

인간이 사회에 적응해 살아가기 위해서는 사회 구성원들과의 상호작용을 통해 사회생활에 필요한 가치나 규범 또는 지식을 익혀나가야 한다. 이러한 과정을 '사회화'라고 한다. 현대 사회의 사회화는 생애주기 전반에 걸쳐 일어나며 주기별 사회화의 내용과 방법 등에는 차이가 있다. 사회 속에서 개인은 일정한 지위와 역할을 수행하면서 지속적인 상호작용을 해나가게 되는데, 이 과정에서 개인은 정체성의 혼란이나 역할갈등을 경험하기도 한다.

사회화(社會化)	社(모일 사) 會(모일 회) 化(될 화): 사회의 가치와 규범 등을 내면화하여 사회에 적응하는 과정

'야생아' 혹은 '늑대소녀' 이야기를 들어본 적이 있을 거예요. 어려서부터 야생에서 살다가 문명세계로 돌아온 이들에 관한 이야기죠. 대부분 '야생아'들은 야생에서의 습성을 버리지 못하고 사회에 적응하지 못했어요. 학자들은 이를 통해 인간은 사회 속에서 살아가면서 사회의 가치와 규범 등을 배워야 한다는 점을 파악하게 됐죠. 이것이 바로 '사회화'예요. 즉, '사회화'란 인간이 사회에서 살아가는 데 필요한 지식, 가치, 규범 등을 익히는 과정을 말한답니다.
사회화의 기능으로는 첫째, 구성원에게 기본적인 규율을 제시하는 기능을 해요. 둘째, 개인의 정체성 형성에 도움을 줘요. 셋째, 구성원들에게 사회적 역할을 가르쳐요. 넷째, 사회화는 지식이나 기술 등을 가르쳐요. 마지막으로 사회화를 통해 사회 안정과 통합을 이룰 수 있어요.

재사회화(再社會化)	再(다시 재) 社(모일 사) 會(모일 회) 化(될 화): 변화한 사회에 적응하기 위해 새로운 생활양식과 규범을 익히는 과정

'재사회화'는 어른이 된 뒤에, 변화한 사회에 적응하기 위해 새로운 생활양식이나 행동규범을 익히는 과정을 말해요. 오랜 기간 동안 사회는 꾸준히 변화해 왔어요. 산업혁명, 시민혁명 등은 대표적으로 사회를 변화시킨 사례들이죠. 이렇게 사회가 변하면 사람들은 기존에 익힌 지식과 규범으로는 살아가기 힘들다는 생각을 하게 됩니다. 때문에 어른이 되어서도 끊임없이 사회에 적응하기 위해 노력해야 할 필요가 있는 거죠. 물론 사회가 조금씩 천천히 변하던 옛날에는 어른이 되면 사회화는 더 이상 필요 없다고 생각했어요. 하지만 요즘처럼 기술이나 정보가 빠르게 변하는 현대사회에서는 더욱 재사회화의 중요성이 커지고 있답니다.

사회화 기관 (社會化機關)	社(모일 사) 會(모일 회) 化(될 화) 機(틀 기) 關(기관 관): 사회화에 도움을 주는 기관

아주 어렸을 적에 여러분은 모든 것을 부모님께 의존했을 거예요. 학교에 가서는 주로 선생님들로부터 지식과 규범을 배우고 친구들과 놀면서 조금씩 성장했죠. 요즘은 TV, 신문 등의 대중 매체를 통해서 많은 정보와 지식을 얻어요. 이렇게 여러분의 사회화에 도움을 주는 사람, 집단, 기관 등을 일컬어 '사회화 기관'이라고 해요.

사회화 기관의 종류(種類)	社(모일 사) 會(모일 회) 化(될 화) 機(틀 기) 關(기관 관) 種(종류 종) 類(무리 류)

사회에는 가정, 또래집단과 같이 기본적 생활습관이나 지식 등을 익히는데 도움을 주는 사회화 기관(1차적 사회화 기관)이 있는가 하면, 학교, 대중 매체처럼 전문적인 지식을 알려주는 곳(2차적 사회화 기관)도 있어요. 또한 '학교'처럼 사회화 자체를 목적으로 만들어진 기관(공식적 사회화 기관)과 '대중 매체'와 같이 다른 목적을 위해 생겼지만 부수적으로 사회화에 도움을 주는 기관(비공식적 사회화 기관)도 있어요. 사람은 태어나서 죽음에 이르기까지 생애주기에 따라 다양한 종류의 사회화 기관에서 직간접적으로 사회화를 경험하게 되지요.

생애주기(生涯週期)	生(날 생) 涯(끝 애) 週(회전할 주) 期(기간 기): 탄생에서 죽음에 이를 때까지의 과정을 단계별로 구분한 것

'생애주기'란 사람이 태어나는 순간부터 죽음에 이를 때까지의 전 과정을 단계별로 구분한 것을 말해요. 주로 '유아기, 아동기, 청소년기, 장년기, 노년기'로 구분하죠. 생애주기에 따라 사람에게 필요한 지식, 규범 등에 변화와 차이가 생기기 때문에 주기별로 사회화의 내용과 사회화 담당 기관 등이 달라지게 돼요. 예를 들어 유아기에는 기초적인 생활습관을 익히는 것이 매우 중요하고 주로 가정에서 사회화가 이뤄져요. 노년기에는 은퇴 이후의 삶을 보람 있게 살아가기 위한 새로운 지식과 가치관을 익히는 것이 중요하며 대중 매체, 종교 단체나 평생교육 기관의 도움을 받을 수 있어요.

정체성(正體性)	正(바를 정) 體(몸 체) 性(성품 성): 자기에 대한 일관된 경험과 인식의 총체

여러분은 어떤 사람인가요? 이런 질문에 답하기 위해서는 '정체성'을 형성해야 해요. '정체성'은 한 개인의 의식 속에서 비교적 일관되게 유지되는 자기에 대한 경험이나 인식을 말해요. '나는 누구인가'라는 질문에 답하려면 기본적으로 평소 자신의 생활태도, 가치관, 다른 사람들로부터의 평가 등을 종합하는 과정을 거치게 됩니다. 그 결과 중의 하나가 '나는 성실한 사람이다'라면 바로 '성실한 나'가 여러분의 정체성의 일부를 이룬다고 볼 수 있죠. 정체성은 청소년기에 가장 발달하게 되며 이때 어떠한 정체성을 형성하느냐가 성인기 이후의 삶에 큰 영향을 미친다고 해요. 긍정적이고 안정적인 정체성을 확립하는 것이 건강하고 행복한 삶에 도움을 준다는 것은 두말할 나위 없겠죠?

질풍노도(疾風怒濤)	疾(빠를 질) 風(바람 풍) 怒(성낼 노) 濤(큰 물결 도): 청소년기의 격동적인 감정과 정체성 혼란 상태를 일컫는 말

'질풍노도'를 단어 그대로 풀면 '빠른 바람과 성난 파도'를 의미해요. 한자 질(疾)은 '병, 전염병'이라는 의미의 명사로도 쓰이지만 '빠르다'는 동사로 쓰이기도 하죠. 질풍노도는 급변하는 상황이나 시대를 나타내는 말로 자주 사용돼요. 예를 들어 18세기 독일에서 일어난 문예운동 시기를 '질풍노도의 시대'라고도 하고, 청소년기의 격동적인 감정과 정체성 혼란 상태를 '질풍노도의 시기'라고 표현하기도 하죠.

사회적 상호작용(社會的相互作用)	社(모일 사) 會(모일 회) 的(과녁 적) 相(서로 상) 互(서로 호) 作(지을 작) 用(쓸 용): 사회 속에서 사람들이 서로 관계를 형성하는 과정

'사회적 상호작용'은 사회 구성원들이 다양한 관계를 맺고 서로 영향을 주고받는 과정을 일컬어요. 사람은 사회를 떠나 혼자 생활하기 어려우며 사회 속에서 살면서 끊임없이 다양한 사람들과 협동, 경쟁, 갈등하며 서로 영향을 주고받게 되지요. 그 과정에서 개인은 사회화를 경험하기도 하고 사회는 변화 및 발전을 하게 되는 것이죠. 때문에 사회적 상호작용이 없는 사람들이 많아지면 사회 문제가 될 수도 있어요.

사회적 관계 (社會的關係)	社(모일 사) 會(모일 회) 的(과녁 적) 關(관계할 관) 係 (이을 계): 사람들과 지속적 상호작용을 통해 형성하게 되는 다 양한 관계

사람은 혼자서는 살아가기 어렵고 다른 사람들과 다양한 관계를 맺으면서 살아가죠. 이처럼 사람들과 지속적인 상호작용을 통해 형성하게 되는 다양한 관계를 '사회적 관계'라고 해요. 예를 들어 여러분은 '학생–교사', '자녀–부모', '선후배' 등의 관계를 여러 사람과 맺고 있어요. 한 사회의 사회적 관계는 그 사회의 정치·경제 제도, 문화 등의 영향을 받아요. 즉, 자본주의 사회와 공산주의 사회의 사회적 관계에는 큰 차이가 생길 수 있다는 것이죠. 일부 학자들은 다양한 사회적 관계 중, 특히 경제활동과 관련된 사회적 관계(예: 자본가–노동자)를 중시해요.

사회적 지위 (社會的地位)	社(모일 사) 會(모일 회) 的(과녁 적) 地(자리 지) 位(위 치 위): 개인 혹은 한 집단이 사회 속에서 차지하는 위치

'사회적 지위'란 개인 혹은 한 집단이 사회 속에서 차지하는 위치를 말해요. '나'는 학교에서는 '학생, 선배' 등의 지위를, 가정에서는 '딸, 누나' 등의 지위를 가질 수 있어요. 어른이 되면 지위에 변화가 생기기도 하고 지위가 더 많아지기도 하죠. 중요한 것은 사람들은 사회적 관계를 다양하게 형성해 가면서 동시에 여러 개의 지위를 갖게 된다는 점이에요.

귀속지위(歸屬地位)	歸(돌아갈 귀) 屬(무리 속) 地(자리 지) 位(위치 위): 선 천적으로 가지게 되는 지위

'귀속지위'란 사회적 지위 중, 태어나면서 자신의 의지와 관계없이 자연스럽게 지니게 되는 지위를 말해요. 예를 들어 조선시대의 양반과 같이 근대화되기 이전에 혈통이나 가문 등으로 결정되던 신분이 대표적인 귀속지위예요. 장남, 딸 등도 대표적인 귀속지위이지요.

성취지위(成就地位)	成(이룰 성) 就(이룰 취) 地(자리 지) 位(위치 위): 후천적 노력에 의해 가지게 되는 지위

개인이 노력을 통해 후천적으로 얻은 지위를 '성취지위'라고 해요. 선생님, 회사원, 아버지 등이 이에 속해요. 근대화된 사회에서는 이러한 성취지위가 개인의 삶에 중요한 영향을 미치게 된답니다.

역할(役割)	役(일할 역) 割(나눌 할): 사회적 지위에 대해 사회가 기대하는 행동양식

'역할'이란 어떤 사회적 지위에 대해 그 사회가 기대하는 일정한 행동양식을 말해요. 우리 사회는 '교사'가 학생들에게 지식을 전수하고 바람직한 사회규범을 전해 사회화시켜 줄 것을 기대하지요. '학생'에게는 공부를 하고 정체성을 잘 형성시켜 사회인으로서의 삶을 잘 준비해 나갈 것을 기대하죠. 이렇듯 어떠한 지위에 대해 어느 사회나 일반적으로 기대하는 바가 존재해요. 바로 이것이 '역할'인 것이죠.

역할 행동(役割行動)	役(일할 역) 割(나눌 할) 行(행할 행) 動(움직일 동): 역할을 구체적으로 수행하는 방식

역할 행동은 개인에게 주어진 역할을 수행하는 구체적인 행동방식으로, '역할수행(役割修行)'이라고도 해요. 사람들은 '교사'에게 학생들을 가르치고 생활규범 지도를 할 것을 기대하죠. 이것이 바로 교사의 역할이에요. 그런데 교사가 실제 수업을 하고 학생들을 대하는 방식에는 개인마다 차이가 있을 수 있어요. 즉, 교사라는 지위에 부여된 역할을 구체적으로 수행하는 방식(역할 행동)은 조금씩 다르다는 것이죠. 어떤 사람이 지위에 따른 역할을 잘 수행하면 보상을 받기도 하지만 그렇지 않으면 제재나 비난을 받기도 하지요. 수업에 충실하지 않은 선생님은 좋은 평가를 받을 수 없겠죠.

역할갈등(役割葛藤)

役(일할 역) 割(나눌 할) 葛(칡 갈) 藤(등나무 등): 다양한 지위와 역할들로 인해 겪는 심리적 갈등 상태

전근대(前近代) 사회에서는 귀속지위가 대부분이었어요. 또한 사회적 관계가 다양하지 않아 개인이 차지하는 지위의 수도 오늘날에 비해 적었지요. 하지만 사회가 민주화, 산업화되면서 개인들은 이전에 비해 훨씬 다양한 사회 집단 속에서 자신의 노력으로 많은 성취지위를 획득하게 되었어요. 이에 따라 한꺼번에 여러 가지 역할을 수행할 것을 요구받고 있지요. 이 과정에서 사람들은 다양한 지위와 역할들로 인해 심리적 갈등 상태에 놓이게 되는데, 이것이 '역할 갈등'이에요. 역할갈등 상태가 지속되면 사람들은 정서적 불안을 겪거나 사회적 관계 유지에 어려움을 경험하게 되지요. 역할갈등의 종류에는 '역할 긴장'과 '역할 모순'이 있어요.

역할 긴장(役割緊張)

役(일할 역) 割(나눌 할) 緊(긴할 긴) 張(베풀 장): 하나의 지위에 상반된 역할수행이 요구될 때 나타나는 역할갈등

'역할 긴장'이란 하나의 지위에 상반된 역할수행이 요구될 때 나타나는 역할갈등을 말해요. 예를 들어 한 어머니(지위)가 자녀를 잘 양육하기 위해 엄하게 키워야 할지, 자유롭게 키워야 할지 고민하는 상황에 놓여 있다면 역할 긴장 상태에 놓인 것이죠.

역할 모순(役割矛盾)

役(일할 역) 割(나눌 할) 矛(창 모) 盾(방패 순): 한 개인이 두 가지 이상의 지위를 가지고 있어 두 가지 이상의 역할이 동시에 요구될 때 나타나게 되는 역할갈등

'역할 모순'은 한 개인이 두 가지 이상의 지위를 가지고 있어 두 가지 이상의 역할이 동시에 요구될 때 나타나는 역할갈등을 말해요. 직장에 다니는 어머니가 아픈 아이를 두고 출근을 해야 할지, 결근하고 병원에 가야할지 고민하는 상황을 예로 들 수 있어요. 만약 이런 상황에서 어머니가 고민 없이 병원으로 간다면 역할 모순을 경험하고 있다고 할 수 없어요.

02 | 사회 집단

사회를 이루는 가장 기본적인 단위는 개인이지만 사람은 혼자가 아니라 집단을 이루고 살아간다. 인간은 가족, 친구, 학교, 직장 등 다양한 사회 집단에 속해 있다. 사람들이 만들어내는 사회 집단에는 가족과 같이 기본적이고 자연발생적인 것도 있고, 회사, 국가처럼 규모가 크고 인위적인 것도 있다. 다양한 사회 집단 안에서 사람은 각각 지위를 차지하고 이에 따른 역할을 부여받아 수행하며 사회적 인간으로 성장해 간다. 이렇듯 개인은 사회 집단 안에서 정체성을 형성하고 자아를 성취해 간다.

사회 집단(社會集團)	社(모일 사) 會(모일 회) 集(모일 집) 團(단체 단): 두 명 이상의 사람들이 소속감을 가지고 지속적인 상호작용을 통해 형성한 집단

'사회 집단'이란 두 명 이상의 사람들이 소속감과 공동체 의식을 가지고 지속적인 상호작용을 통해 형성한 집단을 말해요. 따라서 스포츠 경기를 보기 위해 경기장에 모인 군중들, 버스를 타고 가는 사람들처럼 일시적으로 모인 사람들은 사회 집단이라고 볼 수 없죠. 가족, 동호회, 회사처럼 공동의 목표와 관심사가 있고 모임의 지속성이 있어야 비로소 사회 집단이라 할 수 있어요. 사람들은 이러한 사회 집단 속에서 사회적 관계를 형성하고 사회화하면서 살아가게 된답니다.

1차 집단(一次集團)	一(한 일) 次(차례 차) 集(모일 집) 團(단체 단): 직접적 접촉방식에 의해 형성되는 집단

사회학자 쿨리(C. H. Cooley)는 사회 집단을 구성원 간의 '접촉방식(接觸方式)'을 기준으로 '1차 집단'과 '2차 집단'으로 구분했어요. 접촉방식이란 구성원 간의 상호작용 방식이나 인간관계 형성 방식을 말해요. 쿨리는 직접적인 접촉방식, 즉 친밀하고 대면적(對面的), 전인격적(全人格的) 상호작용이 이루어지는 사회 집단을 '1차 집단'이라고 규정했어요. 가족이나 또래 집단과 같은 집단이 1차 집단에 속해요. 1차 사회 집단에서 사람들은 서로를 잘 파악할 수 있을 뿐만 아니라 친밀한 인간관계를 형성해요. 때문에 구성원들이 심리적 안정이나 강한 소속감을 느끼게 되죠.

2차 집단(二次集團)	二(두 이) 次(차례 차) 集(모일 집) 團(단체 단): 간접적 접촉방식에 의해 형성되는 집단

쿨리가 구분한 사회 집단의 한 종류예요. 간접적인 접촉방식, 즉 형식적이고 수단적인 상호작용이 이루어지는 사회 집단을 '2차 집단'이라고 불렀어요. 회사나 정당 등이 2차 집단에 속해요. 2차 집단에서는 집단이 목표하는 바를 달성하기 위해 형식적이고 수단적으로 인간관계가 이뤄지는 경우가 대부분이지요. 물론 2차 집단에서도 종종 '1차적인 인간관계'가 성립될 수도 있지만 그렇다고 해서 그 집단이 1차 집단이 되는 것은 아니랍니다.

공동 사회(共同社會)	共(함께 공) 同(같을 동) 社(모일 사) 會(모일 회): 본질 의지에 의해 형성된 사회

사회학자 퇴니스(F. Tönnies)가 '결합 의지'를 기준으로 분류한 사회 집단이 바로 '공동 사회'와 '이익 사회'예요. 결합 의지란 사회 집단이 결합, 즉 형성되는데 사용된 사람들의 의지를 말하며 퇴니스는 '본질의지(本質意志)'와 '선택의지(選擇意志)'라는 두 종류의 의지가 있다고 봤어요. 본질의지란 자연적 의지를, 선택의지란 인위적 의지를 뜻해요. 퇴니스는 본질의지에 의해 형성된 집단을 '공동 사회', 선택의지에 의해 형성된 집단을 '이익 사회'라고 봤어요. 내가 속해 있는 집단이 자연발생적으로 형성되었으며 나 역시 선천적으로 그 집단에 속하게 되었다면 그 집단은 '공동 사회'입니다. 공동 사회는 그 집단의 결합 자체가 목적이며 구성원들은 친밀하고 전인격적인 관계를 형성하게 되지요. 가족, 민족, 근대화 이전의 사회 등이 이에 해당해요. 나는 태어날 때부터 내 의지와 무관하게 내 가족의 성원이 되기 때문입니다.

이익 사회(利益社會)	利(이로울 이) 益(더할 익) 社(모일 사) 會(모일 회): 선 택의지에 의해 형성된 사회

퇴니스가 구분한 사회집단의 한 종류예요. '선택의지', 즉 내 의지와 선택에 의해 후천적, 인위적, 의도적으로 형성된 집단을 '이익 사회'라고 해요. 이익 사회는 특정한 목적을 달성하기 위해 결성되었기 때문에 구성원 간의 관계가 수단적, 형식적이게 되지요. 회사, 정당, 산업화 이후의 대부분의 집단을 떠올려 보면 쉽게 이해가 될 거예요. 퇴니스는 점차 사회가 공동 사회에서 이익 사회로 변해간다고 설명했어요.

내집단(内集團)	内(안 내) 集(모일 집) 團(단체 단): 소속감을 느끼는 사회 집단

축구 한일전이 열리는 날이면 온 나라가 들썩입니다. 사람들은 모여서 너나 할 것 없이 한국을 응원하죠. 평소 애국심을 특별히 느끼지 않던 사람들도 이날만큼은 우리나라에 강한 소속감을 느끼게 됩니다. 반면 일본에 대해서는 이질감과 적대감까지 느끼는 경우도 있지요. 사회학자 섬너(W. G. Sumner)는 이렇게 '소속감'의 유무(有無)로 사회 집단을 내집단과 외집단으로 나눴어요. 소속감은 다른 말로 '우리 의식', '공동체 의식'이라고도 하죠. 구성원이 자신이 속한 집단에 소속감을 느끼면 그 집단은 자신에게 '내집단'이 됩니다. 내집단은 구성원들의 자아 정체성 형성에 큰 영향을 미치며 외집단과의 갈등 속에서 그 결속력이 강화되기도 해요.

외집단(外集團)	外(바깥 외) 集(모일 집) 團(단체 단): 소속감이 없는 사회 집단

섬너가 구분한 사회 집단의 한 종류로, 소속감이 없는 사회 집단을 말해요. 자신이 속해 있지 않으면서 소속감을 느끼지 않거나 이질감이나 적대감까지 느끼는 집단을 '외집단'이라고 해요.

준거 집단(準據集團)	準(준할 준) 據(근거 거) 集(모일 집) 團(단체 단): 행동과 사고의 기준이 되는 사회 집단

1990년대 '문화 대통령'이라고 불리며 엄청난 인기를 누렸던 '서태지와 아이들'이라는 그룹이 있었어요. 〈컴백홈(Come Back Home)〉이라는 노래를 불렀는데 이 노래 때문에 청소년 가출 비율이 크게 낮아졌다는 이야기가 있을 정도였죠. 당시 청소년들은 '서태지와 아이들'의 패션을 따라하는 것은 물론, 노래 가사대로 행동하기도 했죠. 심리학에서 사람은 자신이 동일시하고 있는 사회 집단의 규범에 따라 행동하고 판단하는 경향이 있다고 보고, 이러한 집단을 '준거 집단'이라고 설명해요. 즉 준거 집단이란 한 개인이 자신의 신념, 가치, 태도 및 행동의 기준으로 삼는 사회 집단을 말해요. 90년대 청소년들에게 '서태지와 아이들'은 정말 영향력이 큰 준거 집단이었던 셈이죠.

준거 집단(準據集團)의 역할(役割)	準(준할 준) 據(근거 거) 集(모일 집) 團(단체 단) 役(일할 역) 割(나눌 할): 준거 집단의 기능이나 구실

준거 집단은 개인의 가치관과 삶에 큰 영향을 미친다는 점에서 매우 중요해요. 그런데 때로는 자신이 속한 집단, 즉 소속 집단과 준거 집단이 일치하지 않아 문제가 발생하기도 해요. 원하는 회사에 취업하지 못하고 어쩔 수 없이 다른 회사에 취업했다면 일의 보람을 느끼지 못할 가능성이 있겠죠. 따라서 긍정적, 안정적 정체성 형성을 위해서는 소속 집단과 준거 집단이 일치되도록 노력하는 것이 필요해요.

차별(差別)	差(다를 차) 別(나눌 별): 특정 집단이나 대상을 불평등하게 대우하는 것

근대화가 진행되면서 모든 인간은 평등하다는 생각이 확산되었어요. 하지만 실제로 아직까지 세상에는 여러 가지 이유로 동등한 대우를 받지 못하는 사람들이 많아요. 차별이란 평등한 지위를 가지고 있음에도 불구하고 특정 집단 혹은 대상을 불평등하게 대우하는 것을 말해요. 주로 사회적 소수자(少數者)들이 차별 대상이 되는 경우가 많아요.

사회적 소수자 (社會的少數者)	社(모일 사) 會(모일 회) 的(과녁 적) 少(적을 소) 數(수효 수) 者(사람 자): 대다수 사회 성원으로부터 불평등한 처우를 받는 사람들

사회적 소수자는 사회적 약자(弱子)라고도 해요. 사회학자 워스(L. Wirth)는 사회적 소수자를 "신체적 또는 문화적 특성 때문에 자기가 살고 있는 사회의 다른 사람들로부터 불평등한 대우를 받는 사람들로, 자기들이 차별의 대상임을 인식하는 사람들의 집단"이라고 설명합니다. 조금 어렵나요? 예를 들어 볼게요. 여전히 많은 사람들이 피부색이 까맣다는 이유로 흑인을 차별해요. 피부색뿐만 아니라 종교, 즉 문화적 차이로 차별을 하는 경우도 있어요. 중요한 것은 사회적 소수자를 결정하는 것은 집단의 규모가 아니라 사회적 권력이나 영향력이라는 점이에요. 예를 들어 남아프리카 공화국 인구의 70% 이상이 흑인이지만 백인으로부터 여러 가지 차별을 받고 있기 때문에 사회적 소수자라 할 수 있어요.

비정부 기구 (非政府機構)	非(아닐 비) 政(다스릴 정) 府(관청 부) 機(틀 기) 構(얽 을 구): 자발적 민간단체를 이르는 말

영어 약자로 NGO(Non-Governmental Organization)라고 해요. NGO는 말 그대로 정부기관이나 정부와 관련된 단체가 아니라 순수한 민간단체(民間團體)를 이르는 말이에요. 주로 '시민단체(市民團體)'를 의미하죠. 혹시 기업이나 동아리도 정부가 만든 단체가 아니니까 NGO아닐까 하는 의문이 들지 않나요? 사실 그런 혼란 때문에 NGO를 이윤을 추구하지 않는 기구, 즉 '비영리 기구(NPO, Non-Profit Organization)'라 불러야 한다고 주장하는 사람들도 있어요.

비정부 기구의 이해(理解)	非(아닐 비) 政(다스릴 정) 府(관청 부) 機(틀 기) 構(얽 을 구) 理(이치 이) 解(풀 해)

NGO를 더 잘 이해하기 위해서는 NGO가 등장한 배경을 살펴보는 것이 좋아요. 1960년대 말부터 서구에서는 환경, 평등, 인권, 평화 운동이 활발히 진행되기 시작해요. 이런 움직임을 '신사회운동(新社會運動)'이라고 불러요. 예전 사람들은 주로 먹고 사는 문제에만 관심을 가졌죠. 그런데 점차 그것만큼이나 중요한 문제들이 있다는 것을 깨달아요. 이렇게 사람들이 좀 더 다양한 이슈에 관심을 가지게 되면서 민간단체가 자발적으로 생기게 되었죠. 때문에 NGO는 주로 환경, 인권 등의 사회적 관심사를 공유한 사람들이 사회를 좀 더 나은 방향으로 변화시키기 위해 만든 시민단체를 의미한다고 볼 수 있어요.

시민단체(市民團體)	市(시장 시) 民(사람 민) 團(단체 단) 體(몸 체): 공공의 이익을 위해 시민들이 자발적으로 만든 단체

NGO라고도 하죠. 공공(公共)의 이익을 위해 시민들이 자발적으로 만든 단체를 말해요. 환경, 인권, 평화, 정의 등의 실현을 목적으로 관심사를 공유하는 사람들이 모여서 활동한답니다. 대표적인 시민단체로 1971년 설립된 국제 환경보호 단체인 '그린피스', 1989년 경제정의 실현을 목적으로 설립된 우리나라의 '경제정의실천시민연합' 등이 있어요.

2 사회 변동

사회는 계속해서 변한다. 조선시대와 오늘을 비교해 보면 생활방식은 물론이고, 가치관, 사회적 관계, 계층 구조, 직업의 종류 등 여러 분야에서 엄청난 변화가 있었음을 확인할 수 있다. 물론 이러한 변화들이 전 세계에서 같은 방식과 속도로 일어나고 있는 것은 아니며, 한 사회 내에서도 지역과 분야에 따라 다르게 나타나기도 한다.

현대 사회는 근대화 과정에서 산업화, 민주화, 대중화를 경험해 왔으며, 오늘날에는 세계화, 고령화라는 새로운 변화가 진행되고 있다. 21세기 한국 사회 역시 이러한 변화의 흐름 속에 놓여 있다. 급변하는 세계 속에서 정체성을 잃지 않고 흐름에 동참하기 위해서는 변화에 대한 보다 적극적이고 성찰적인 태도가 필요하다. 또한 사회 변동에 따른 다양한 사회 문제를 슬기롭게 해결하려는 노력이 필요하다.

01 사회 변동과 발전

사회 변동(社會變動) | 산업화(産業化) | 근대화(近代化) | 대중교육(大衆敎育) | 정보화(情報化) | 세계화(世界化) | 고령화(高齡化) | 초국적기업(超國籍企業) | 소수민족(少數民族) | 권위주의(權威主義) | 국제결혼(國際結婚)

02 미래의 한국 사회

단일민족국가(單一民族國家) | 다문화 사회(多文化社會) | 제노포비아(xenophobia) | 자유주의(自由主義) | 사회주의(社會主義) | 국방비(國防費) | 민족(民族) | 인도주의(人道主義) | 통일비용(統一費用) | 이산가족(離散家族) | 계획경제(計劃經濟) | 비무장지대(非武裝地帶) | 관광특구(觀光特區) | 일체성(一體性) | 국경(國境) 없는 의사회(醫師會)

01 | 사회 변동과 발전

사회 변동에 적응하고 대처하기 위해서는 사회가 어떠한 원인에 의해 변화해 왔는지를 분석하고 앞으로 또 어떻게 변화해 갈 것인지를 예측하는 일이 매우 중요하다. 기술과 사상의 발전은 사회 변동을 야기하는 중요한 원인이 되어 왔으며, 사회 변동이 야기한 여러 가지 갈등과 어려움을 극복해 가며 오늘날의 사회를 일궈냈다. 인류는 산업화를 통해 비약적인 경제 성장을 이뤘으며, 민주화를 통해 인권 보장과 시민들의 정치 참여 기회를 넓혀왔다. 또한 대중매체의 발달로 대중사회가 형성되었으며, 정보화와 세계화의 흐름 속에서 새로운 삶의 방식과 사회적 관계를 경험해 가고 있다.

사회 변동(社會變動)	社(모일 사) 會(모일 회) 變(변할 변) 動(움직일 동): 일정한 시간을 거치면서 나타나는 사회의 변화

과거에 비해 오늘날 우리의 삶은 너무나 많은 변화를 겪고 있어요. 10년 전만 해도 사람들은 전화기로 인터넷을 검색하고 사진을 찍어 바로 웹에 올릴 수 있으리라고는 상상하지 못했죠. 지금은 스마트폰을 이용해 누구나 쉽게 할 수 있는 일들인데 말이죠. 이렇게 사회가 기술이나 사상의 변화 및 발전, 사회구성원 간의 갈등 등에 따라 변화를 겪는 현상을 '사회 변동'이라 한답니다. 산업화, 정보화, 세계화 등이 대표적인 사회 변동의 예이지요.

산업화(産業化)	産(낳을 산) 業(업 업) 化(될 화): 좁게는 산업에서 공업이 차지하는 비중이 증가하는 현상, 넓게는 산업분야의 근대화 과정

산업화란 좁게는 산업에서 공업이 차지하는 비중이 증가함에 따라 사회가 전반적으로 변화하는 현상을 말해요. 18~19세기에 걸쳐 유럽에서 일어났던 산업화는 농업 중심의 사회를 크게 변화시켰죠. 도시에는 새로운 일자리가 넘쳐났고, 많은 사람들이 농촌을 떠나 도시의 공장 노동자로 일하면서 임금을 받아 생활하게 되었어요. 공장에서 대량으로 만들어진 물건들은 사람들에게 대량으로 소비되었답니다. 필요한 물건은 자기가 직접 만들어 사용하는 것이 일반적이었던 과거 농업사회와 비교하면 엄청난 변화가 생긴 셈이죠. 많은 사람들을 대상으로 한 교육도 실시되었어요. 결국 산업화는 비슷한 생활양식을 공유하는 사람들을 만들어낸 거예요. 이렇듯 산업구조가 2 · 3차 산업을 중심으로 바뀜에 따라 야기된 변화를 산업화라 해요.

69

근대화(近代化)	近(가까울 근) 代(시대 대) 化(될 화): 사회가 더 나은 상태로 나아가는 현상

'근대화'란 사회가 점차 더 나은 상태로 나아가는 현상이에요. 경제적으로는 농경사회에서 산업사회로 생산성이 증대되는 현상을 의미하고, 정치적으로는 봉건적 질서가 사라지고 민주주의가 확산되는 과정을 의미한다고 할 수 있어요. 사회·문화적으로는 문맹(文盲, 글을 읽거나 쓸 줄 모름) 상태에서 많은 사람들이 교육을 받고 다양한 교육의 기회를 누릴 수 있는 상태로 변화해 가는 과정을 의미해요.

대중교육(大衆敎育)	大(큰 대) 衆(무리 중) 敎(가르칠 교) 育(기를 육): 많은 사람들을 대상으로 실시되는 교육

대중, 즉 많은 사람들을 대상으로 비슷한 내용과 방법을 통해 이뤄지는 교육을 말해요. 오늘날 현대 사회가 실시하는 교육이 바로 대중교육이에요. 대중교육이 실시되면서 과거 특정 계층의 사람들만 받을 수 있었던 교육을 많은 사람들이 받을 수 있게 되었죠.

정보화(情報化)	情(뜻 정) 報(알릴 보) 化(될 화): 지식과 정보가 사회에서 중요한 역할을 담당하게 되는 현상

정보화는 지식과 정보가 한 사회를 이끌어가는 데 중요한 역할을 담당하는 현상을 말해요. 정보화가 진행되는 사회에서는 물질과 에너지보다는 정보와 지식이 경제, 사회·문화적으로 중요한 가치를 창출하게 된답니다. 20세기 후반부터 눈부시게 성장한 과학·정보 기술이 정보화를 이끌었다고 할 수 있어요. 정보화 사회에는 긍정적인 면과 부정적인 면이 공존해요. 빠르게 정보와 지식을 처리하고 다양한 방식으로 빠른 소통이 이뤄질 수 있지만, 컴퓨터를 이용한 각종 범죄와 정보화에 뒤처진 사람들의 부적응 등의 문제도 있어요. 따라서 두 가지 측면을 잘 살펴보고 문제점을 극복하려고 노력해야 해요.

세계화(世界化)	世(세상 세) 界(지경 계) 化(될 화): 국가 간 교류가 활발해져 세계가 점차 하나로 통합되어가는 현상

세계화란 넓은 의미로는 정치, 경제, 문화 등 사회 각 분야에서 국가 간의 교류가 많아져서 세계가 점차 하나의 영향권으로 묶이게 되는 현상을 말해요. 과학기술, 정보ㆍ통신의 발달 등이 세계화에 큰 영향을 미쳤죠. 세계화 시대에는 일정 지역에서 일어나는 일이 미치는 범위가 과거에 비해 훨씬 커지게 돼요. 하지만 좁은 의미의 세계화는 20세기 후반, 무역의 자유화 추진으로 재화, 서비스, 자본, 노동 등의 국제적 이동 증가로 각국 시장이 통합되는 경제 현상을 말하는 개념이에요. 전 세계가 하나로 연결되어 거대한 시장이 되는 현상이죠. 우리가 일상에서 사용하고 있는 물건들 중 상당수가 국내에서 생산된 것이 아니라는 점은 우리의 삶이 얼마나 세계화되었는가를 알 수 있게 해줍니다.

고령화(高齡化)	高(높을 고) 齡(나이 령) 化(될 화): 전체 인구에서 고령자 인구 비율이 높아지는 현상

고령이란 높은 연령, 즉 나이가 많은 것을 말해요. 고령화란 한 사회에서 고령자 수가 증가하여 전체 인구에서 차지하는 고령자 비율이 높아지는 현상이에요. 그렇다면 어느 정도의 나이가 고령에 해당할까요? 일반적으로 65세 이상을 고령인구라고 한답니다. 국제연합(UN)은 65세 이상 인구가 7%가 넘는 사회를 '고령화 사회', 14%가 넘는 사회를 '고령사회', 20%가 넘는 사회를 '초(超)고령사회'로 보고 있어요.

초국적기업 (超國籍企業)	超(넘을 초) 國(나라 국) 籍(문서 적) 企(꾀할 기) 業(업 업): 국가의 경계를 뛰어넘는 기업

뜻을 그대로 풀면 '국적, 즉 국가의 경계를 뛰어넘는 기업'을 말해요. 세계화가 진행되면서 하나의 기업이 활동하는 무대는 하나의 국가를 뛰어넘어 전 세계로 확산되고 있어요. 사실 세계화가 바로 기업의 자유로운 진출과 활동을 막는 각 국가의 규제 등을 없애는 과정에서 이뤄졌다고 할 수 있지요. 따라서 초국적기업은 세계화의 대표적인 사례라 할 수 있답니다.

소수민족(少數民族)	少(적을 소) 數(수효 수) 民(백성 민) 族(겨레 족): 다민족국가에 사는 상대적으로 인구수가 적은 민족

여러 민족들이 모여 하나의 국가를 이루는 경우가 있어요. 이런 나라를 '다민족국가(多民族國家)'라 하죠. 소수민족이란 다민족국가에서 지배적인 세력을 이루고 있는 민족에 비해 상대적으로 인구수가 적고 문화적으로 차이를 지니고 있어 구별이 되는 민족을 말합니다. 중국은 한족(漢族)을 중심으로 하는 다민족국가이지만 묘족(苗族), 회족(回族), 조선족(朝鮮族) 등 다양한 소수민족이 함께 살아가고 있지요.

권위주의(權威主義)	權(권세 권) 威(위엄 위) 主(주될 주) 義(뜻 의): 권위를 앞세워 순종을 요구하는 사고방식이나 행동양식

어떤 일에 대해 권위를 앞세워 순종을 요구하는 사고방식이나 행동양식을 말해요. 일을 처리할 때 합리적인 사고와 절차를 거치지 않고 자신이 가지고 있는 힘이나 영향력에 의지해 다른 사람들을 복종시키려는 태도를 뜻해요. 상하 위계질서를 강조하고 지배·복종 관계를 중요시하는 사회에서 이러한 태도가 사람들에게 퍼져 있는 경우가 많아요. 한편 비슷해 보이는 '권위(權威)'는 지위에 따른 영향력을 뜻하는 말이에요. 따라서 어떤 사람이 권위를 가지고 있다는 것과 권위주의적이라는 말은 다른 뜻이니 주의해야 해요.

국제결혼(國際結婚)	國(나라 국) 際(사이 제) 結(맺을 결) 婚(혼인할 혼): 국적이 다른 사람들이 만나 결혼하는 것

국적이 서로 다른 사람들이 만나 결혼하는 것을 말해요. 세계화가 진행되면서 국제결혼 비율도 증가하고 있어요. 국제결혼은 한 사회의 인종, 문화 등을 다양하고 풍부하게 만드는 원인이 되기도 해요. 하지만 일부 사회에서는 외국인에 대한 부정적 시각이 커서 심각한 갈등이 빚어지는 경우도 있답니다. 우리나라도 1990년대 이후로 국제결혼 비율이 빠르게 증가하고 있어요. 풍부하고 다양한 문화가 만들어진다는 긍정적인 면도 있지만, 문화적 차이나 적응 등의 문제로 외국인 배우자와 그 자녀들이 어려움을 겪는 등 다양한 사회 문제가 야기될 수 있으니 철저히 대비해야 해요.

02 | 미래의 한국 사회

세계화의 흐름 속에서 미래의 한국 사회는 큰 변화를 겪을 것으로 예상된다. 국가 간의 이동이 자유로워지면서 오랜 동안 단일민족국가로서의 정체성을 유지하던 우리 사회 역시 다문화 사회로 변해가고 있다. 따라서 다양한 문화를 이해하고 수용하면서도 한국 사회의 전통과 정체성을 잃지 않는 건강한 다문화 사회를 형성해가야 한다. 더불어 오랜 시간 동안 남북으로 분단되어 민족 발전과 세계 평화에 기여할 기회를 놓쳐왔던 상황을 극복하고, 민족의 오랜 염원인 통일을 이루기 위해 끊임없이 노력해 나가야 한다.

단일민족국가 (單一民族國家)	單(홑 단) 一(한 일) 民(백성 민) 族(겨레 족) 國(나라 국) 家(집 가): 하나의 민족으로만 이루어진 국가

한 국가를 이루는 구성원이 하나의 민족으로만 이루어진 경우를 말해요. 단일민족국가에서는 구성원들이 같은 문화와 언어를 공유하기 때문에 문화적 차이 등으로 인한 갈등이 일어날 가능성이 적다고 할 수 있어요. 우리나라는 단군 이래 단일민족국가를 유지해왔다는 강한 자부심을 가지고 있죠. 하지만 이런 자부심이 지나쳐 때로는 외국인을 차별하고 다문화 사회(多文化社會)를 무조건 비판하는 방향으로 나타나는 경우가 있어 주의해야 해요.

다문화 사회 (多文化社會)	多(많을 다) 文(글월 문) 化(될 화) 社(모일 사) 會(모일 회): 한 사회 안에 다양한 문화가 공존하는 사회

한 국가나 사회 속에 다양한 문화가 존재하는 경우를 말해요. 한 사회 안에 다양한 인종, 민족, 계층의 사람들이 함께 살아가면서 그들이 향유하는 다양한 문화 역시 공존하게 된 것이죠. 세계화로 인한 국제적 인구이동과 국제결혼의 증가로 다문화 사회 현상은 전 세계적인 현상으로 확산되고 있어요. 우리나라도 예외가 아니랍니다. 1970년대부터 농촌 인구가 급속히 줄면서 농촌 남성들이 결혼하기 어려워지는 현상이 심각해졌어요. 이때 동남아시아 등지에서 많은 외국인 여성들이 국제결혼을 통해 이주하여 정착했답니다. 더불어 빠른 경제성장 과정에서 제조업 분야의 인력 부족과 기피현상 역시 외국인 이주 노동자를 통해 해결할 수 있었어요. 결혼이주자, 이주노동자 등이 많아지고 다양한 국제 교류의 기회가 늘어나면서 우리 사회도 빠르게 다문화 사회로 진입하게 되었답니다.

제노포비아 xenophobia	이방인, 외국인에 대한 혐오 현상

제노(xeno)는 '낯선 것', '이방인'이라는 의미이고, 포비아(phobia)는 '혐오하다', '싫어하다'라는 뜻을 지니고 있어요. 즉 제노포비아는 이방인과 외국인에 대한 혐오증을 말해요. 자신과 인종, 민족 등이 다르다고 해서 무조건 경계하고 혐오하는 현상을 말해요. 건강한 다문화 사회를 위해서는 반드시 극복해야 할 현상이에요.

자유주의(自由主義)	自(스스로 자) 由(행할 유) 主(주될 주) 義(뜻 의): 개인의 자유와 자유로운 의사 표현을 중시하는 사상

개인의 자유와 자유로운 의사 표현을 중시하는 사상을 말해요. 사회의 압력에 의해서가 아니라 개인 스스로가 판단하고 선택하여 생각하고 행동하는 것을 중시하기 때문에 국가와 사회의 힘이 커져 개인을 간섭하는 것을 좋아하지 않아요. 자유주의는 특히 르네상스와 종교개혁 이후 서구 사회에서 크게 발전하여 자본주의 형성에 영향을 주는 등, 오늘날의 근대 서구사회를 이루는데 큰 역할을 했답니다.

사회주의(社會主義)	社(모일 사) 會(모일 회) 主(주될 주) 義(뜻 의): 생산수단의 사회적 소유와 자원의 공동 분배 등을 통해 사회와 공동체의 이익을 구현하려는 사상

사회주의는 자본주의의 기본 사상인 개인주의에 맞서 개인의 권리 추구와 자유 보장 보다는 사회와 공동체의 이익에 더 큰 관심을 갖는 사상이에요. 인간은 사회 속에서 존재할 때 비로소 의미를 지니기 때문에 개인의 자유만을 강조할 수 없다고 본 것이죠. 자본주의의 문제점을 비판하고 대안을 찾는 과정에서 발전한 사회주의는 자본주의가 강조하는 생산수단의 개인적 소유와 자유로운 경제활동을 비판하면서 생산수단의 사회적 소유와 자원의 공동 분배 등을 구체적으로 주장했어요.

국방비(國防費)	國(나라 국) 防(방어할 방) 費(비용 비): 나라를 지키기 위해 사용되는 모든 비용

나라 살림살이 가운데 외국의 침략과 도발로부터 나라를 지키기 위해 사용되는 모든 비용을 말해요. 군대를 유지하고 전쟁을 치르고, 전쟁 이후 사회 복구에 드는 비용도 국방비에 해당해요. 더 나아가 군사과학 기술연구비나 군사도로 · 항만 · 철도 건설비까지도 모두 국방비에 들어가니 나라를 지키는데 사용되는 모든 비용들이 국방비라 생각하면 돼요.

민족(民族)	民(백성 민) 族(겨레 족): 오랫동안 함께 생활하면서 공통의 역사, 언어, 풍습을 공유하는 집단

대개 같은 지역에서 오랫동안 함께 생활함으로써 공통적인 언어, 풍습, 역사 등을 형성한 집단을 민족이라 해요. 하지만 민족을 정의하는 것은 그리 쉬운 일이 아니에요. 같은 언어를 사용하더라도 서로 다른 민족이라 인식하는 경우 등도 있기 때문이에요. 객관적으로 얼마나 공통적인 문화 요소를 지니고 있느냐도 중요하지만 주관적으로 자신들은 같은 민족이라고 인식하는 '우리 의식'이 민족을 구성하는 중요한 요소라고 보는 사람들도 있답니다.

인도주의(人道主義)	人(사람 인) 道(도리 도) 主(주될 주) 義(뜻 의): 인간의 존엄성을 최고의 가치로 여기는 사상

인도주의는 인종, 국적, 민족, 종교 등의 차이를 떠나 모든 인간이 평등한 권리와 자격을 지니고 있다는 생각에서 출발하여 인류의 안녕과 복지, 공존을 실현하려는 사상을 말해요. 박애주의(博愛主義)와 비슷한 말이라 할 수 있어요. 대표적인 인도주의 실천가로 아프리카에서 의료 봉사 활동을 했던 슈바이처 박사를 꼽을 수 있답니다.

통일비용(統一費用)	統(합칠 통) 一(한 일) 費(비용 비) 用(쓸 용): 통일을 이룬 뒤 부담해야 할 모든 비용

통일을 이룬 뒤 부담해야 할 모든 비용을 말해요. 남북한 두 체제가 통일을 이룬다 해도 너무나 오랫동안 떨어져 있었기 때문에 여러 문제가 발생할 수 있죠. 통일된 뒤 사회가 정상적으로 유지되기 위해서는 많은 노력이 필요하답니다. 이렇게 통일된 뒤 통일로 인해 부담해야 할 모든 비용을 '통일비용'이라 해요. 다리, 도로와 같은 사회간접자본 확충 비용, 실업 대책 비용, 낙후된 시설 교체 및 보수 비용 등이 이에 해당된답니다.

이산가족(離散家族)	離(떼놓을 이) 散(흩을 산) 家(집 가) 族(겨레 족): 서로 만날 수 없게 된 상태에 놓인 가족

전쟁, 자연 재해, 강제 이주 등 여러 가지 이유로 서로 만날 수 없게 된 상태에 놓인 가족을 이산가족이라고 해요. 우리나라도 이산가족이 있어요. 일제 강점기 때 만주나 연해주로 떠난 뒤 돌아오지 못한 경우도 있고, 6.25전쟁 피난 중에 가족과 헤어진 경우, 이념의 문제로 남과 북 한쪽을 선택하는 과정에서 생긴 이산가족도 있어요. 가족이 서로의 생사도 확인하지 못한 채 떨어져 살아간다는 것은 정말 가슴 아픈 일이겠죠.

계획경제(計劃經濟)	計(계산할 계) 劃(계획할 획) 經(다스릴 경) 濟(도울 제): 정부의 계획과 명령에 의해 모든 경제 활동이 이뤄지는 경제 체제

중앙 정부의 계획과 명령에 의해 모든 경제 활동이 이뤄지는 경제 체제를 계획경제라 해요. 계획경제 하에서는 생산수단이 국유화(國有化, 국가의 소유)되고 생산, 분배, 소비의 모든 경제 활동이 중앙 정부의 통제를 받아요. 경제 효율성이 저하되는 문제점을 지니고 있어요.

비무장지대 (非武裝地帶)	非(아닐 비) 武(무기 무) 裝(꾸밀 장) 地(땅 지) 帶(띠 대): 군사적 무장이 금지된 지역

비무장지대는 국제조약이나 협약에 따라 군대 주둔이나 무기 배치, 군사시설 설치가 금지된 지역이에요. 우리나라는 휴전협정에 의해 휴전선에서 남북으로 각 2km의 지대가 비무장지대로 규정되어 있어요.

관광특구(觀光特區)	觀(볼 관) 光(경치 광) 特(특별할 특) 區(구역 구): 관광객 유치를 위해 관광 여건을 집중적으로 조성한 지역

관광특구란 관광객을 적극 유치하기 위해 관광과 관련된 각종 서비스 시설 및 홍보 체계 등을 집중적으로 조성할 수 있도록 시·도지사가 지정한 지역을 말해요.

일체성(一體性)	一(한 일) 體(몸 체) 性(성질 성): 하나를 이루고 있는 성질

하나의 몸이나 덩어리를 이루고 있는 성질을 일체성이라 해요. 우리나라는 일제 강점기와 6.25전쟁 이후 분단을 겪으면서 민족과 국토의 일체성에 위기를 겪게 되었어요. 국가 발전을 위해서는 반드시 통일을 이뤄 조상으로부터 물려받은 국토의 일체성을 회복해야 해요.

국경(國境) 없는 의사회(醫師會)	國(나라 국) 境(경계 경) 醫(의원 의) 師(스승 사) 會(모일 회): 국제 민간의료구호단체

1971년 파리에서 설립된 국제 민간의료구호단체예요. 재난이나 전쟁피해 지역 등, 응급의료구호가 필요한 지역에서 치료가 필요한 사람들에게 도움을 제공하는 일을 해요. 세계 여러 분쟁 참사 지역에서 활발히 구호활동을 펼치는 등 인도주의를 실천한 공로로 1999년에 노벨 평화상을 수상했어요.

3 현대 사회와 사회 문제

근대화 과정을 통해 우리 사회는 많은 발전을 경험하였다. 물질적으로 훨씬 더 풍요로워졌으며 다양한 가치와 삶의 방식이 존중받는 사회로 변화해 왔다. 하지만 이러한 긍정적인 변화와 더불어 여러 가지 사회 문제들이 발생한 것도 사실이다.

산업화 과정에서의 인간소외 현상과 빈부 격차 문제가 확산되었고, 급속한 도시화에 따른 도시 문제와 인구 문제, 그리고 심각한 환경오염이 우리를 위협하고 있다. 이러한 사회 문제를 슬기롭게 해결해 나가기 위해서는 국가와 시민사회의 적극적인 노력이 필요하다.

사회 문제(社會問題) | **인간소외**(人間疎外) | **일탈 행동**(逸脫行動) | **인구 문제**(人口問題) | **인구부양비**(人口扶養比) | **노동 문제**(勞動問題) | **파업**(罷業) | **환경 문제**(環境問題) | **지구온난화**(地球溫暖化) | **온실효과**(溫室效果) | **위험사회**(危險社會)

사회 문제(社會問題)	社(모일 사) 會(모일 회) 問(물을 문) 題(물음 제): 대다수 구성원들이 부정적으로 인식하고 있는 사회 현상

현대 사회는 빈곤, 범죄 등 다양한 문제를 안고 있어요. 이처럼 그 사회 대다수의 구성원들이 부정적으로 인식하고 있는 사회 현상을 일컬어 사회 문제라고 해요. 사회 문제를 진단하고 해결책을 제시하는 것이 사회과학자들의 중요한 관심사랍니다.

인간소외(人間疎外)	人(사람 인) 間(사이 간) 疎(소통할 소) 外(바깥 외): 인간성을 상실하는 상태

인간이 만든 제도, 문화, 물건 등에 의해 오히려 인간이 인간답지 못한 상태에 놓이는 상황을 인간소외라고 해요. 예를 들어 인간이 효율적인 조직 관리를 위해 만든 시스템인 관료제 안에서 인간이 오히려 자신의 능력을 발휘하지 못하고 거대한 조직의 부품으로 전락하는 현상이 대표적인 인간소외예요.

일탈 행동(逸脫行動)	逸(달아날 일) 脫(벗을 탈) 行(행할 행) 動(움직일 동): 사회의 규범이나 제도에서 벗어난 행위

사회에서 정한 규범이나 제도에서 벗어난 행위를 일탈 행동이라고 해요. 청소년의 흡연이나 각종 범죄 행위가 일탈의 사례에 해당하지요. 어떤 행동이 일탈 행동인가에 대한 기준은 사회마다 시대마다 또 장소마다 달라질 수 있어요.

인구 문제(人口問題)	人(사람 인) 口(입 구) 問(물을 문) 題(물음 제): 인구증감 및 분포와 관련된 문제

인구 문제란 인구 증가나 감소, 지역 간 인구 분포, 성별 및 연령별 인구 분포 등과 관련하여 발생하는 문제를 일컫는 말이에요. 인구가 부족하면 경제적 생산성이 떨어지는 등의 문제가 야기되고, 반대로 과잉 인구는 자원 부족 등의 문제를 낳지요. 더불어 성비(性比, 남녀 비율) 불균형은 결혼 문제를 발생시키고 고령화는 노동력 부족 등의 사회 문제로 이어져요.

인구부양비 (人口扶養比)	人(사람 인) 口(입 구) 扶(도울 부) 養(기를 양) 比(비율 비): 청년층에 대한 유년층과 노년층의 인구 비율

인구부양비란 한 사회를 파악하는 데 도움이 되는 지표 중 하나예요. 생산 연령 즉, 청년층이 부양해야 할 비생산 연령인 유·소년층과 노년층 인구 비율을 나타내지요. 구체적인 수식으로 표현하면 다음과 같아요. (0~14세 인구+65세 이상 인구)/15~64세 인구×100

노동 문제(勞動問題)	勞(일할 노) 動(움직일 동) 問(물을 문) 題(물음 제): 노동자의 경제·사회적 지위와 관련된 문제

노동 문제란 노동자의 경제적·사회적 지위와 관련된 문제를 말해요. 대표적인 노동 문제로는 실업 문제, 노사 문제, 임금 문제, 인간 소외 등이 있어요. 자본주의가 발전하면서 생산성이 높아졌지만 동시에 노동 문제 역시 심각해졌어요. 노동자는 권력 면에서 고용주에 비해 열세에 놓이기 때문에 여러 가지 문제를 경험하기 쉬워요.

파업(罷業)	罷(그칠 파) 業(일 업): 일시적으로 일을 중단하는 노동자들의 집단행동

노동자들이 노동환경 개선과 같은 자신들의 요구를 관철(貫徹, 끝까지 밀고 나가 목표를 이룸)시키기 위해 일시적으로 일을 하지 않는 집단행동을 말해요. 이러한 집단행동에는 파업 이외에도 일을 하는 척하기만 하는 태업(怠業)이 있어요.

환경 문제(環境問題)	環(고리 환) 境(상태 경) 問(물을 문) 題(물음 제): 자연환경이 오염물질과 개발 등으로 손상을 입는 것

우리를 둘러싸고 있는 자연환경이 다양한 오염물질과 개발 등으로 인해 손상을 입는 것을 말해요. 생명체가 살아가기 위해서는 자연환경으로부터 자원과 물질을 얻어야 하는데, 환경 문제가 심각해지면 인간뿐만 아니라 자연 생태계가 큰 어려움을 겪게 된답니다. 대기 오염, 수질 오염, 토양 오염 등이 대표적인 환경 문제에 속해요.

지구 온난화 (地球溫暖化)	地(땅 지) 球(공 구) 溫(따뜻할 온) 暖(따뜻할 난) 化 (될 화) : 지표면의 온도가 상승하는 현상

지구 온난화란 지구 표면의 평균 온도가 올라가는 현상이에요. 온난화의 주된 원인으로는 온실효과를 유발하는 온실가스 배출이 꼽혀요. 산업화 이후 석유와 석탄과 같은 화석연료를 사용하고, 대규모 개발로 인해 이산화탄소를 흡수하고 산소를 배출하는 숲이 사라지면서 온실효과가 심각해졌다고 보고 있어요. 또한 이산화탄소뿐만 아니라 메탄과 수증기도 온실효과를 일으키는 것으로 알려져 있어요.

온실효과(溫室效果)	溫(따뜻할 온) 室(집 실) 效(나타낼 효) 果(열매 과) : 지표면의 복사에너지가 대기를 빠져나가지 못해 대기 기온이 상승하는 현상

온실 속의 온도는 매우 높아요. 온실의 유리로 들어온 햇빛이 온실 안의 공기를 따뜻하게 만들고, 또 따뜻한 공기가 밖으로 빠져나가는 것을 막기 때문이에요. 지구에서는 대기가 바로 온실의 유리 역할을 해요. 땅이 태양열을 흡수하여 데워진 공기를 대기가 잡아두어서 기온이 상승하는 현상을 온실효과라고 해요.

위험사회(危險社會)	危(위태할 위) 險(험할 험) 社(모일 사) 會(모일 회) : 근대화와 과학 기술 발전에 따른 위험과 각종 사회 문제를 경험하고 있는 사회

독일 사회학자 울리히 벡(Ulrich Beck)의 책 제목이자 책에서 주장한 개념이에요. 근대화와 과학 기술의 발달로 현대인의 삶은 더 풍족해졌지만 위험 요소 역시 커졌다는 것이 벡의 주장이에요. 벡은 현대 사회를 '위험사회'로 규정하고, 과학 기술 발전에 따라 위험에 노출된 현대사회의 문제를 '성찰적 근대화'를 통해 해결하자고 말했어요.

start!

III

문화

文(글월 문) 化(될 화) 圈(경계 권):
동질적 문화 유형이 나타나는
지리적 범위

문화권
(文化圈)

1 문화의 이해

문화는 다양한 의미를 지닌 말로, 정의하기가 쉽지 않다. 대개 '생활양식의 총체'로 설명되는 문화는 인류가 등장하면서 지속적으로 생성·변화·발전해 오고 있다. 대중매체의 발달과 정보화 및 세계화 과정 속에서 전 세계의 문화 교류는 더욱 활발해지고 있다. 더불어 문화 변동과 문화 전파가 빠르게 진행되고 있다.

이러한 변화 속에서 우리는 결코 절대적인 기준을 가지고 다른 문화를 판단해서는 안 되며, 문화의 우열을 가리는 이분법적 시각으로부터 벗어나 타문화를 이해하고 수용해야 한다. 이러한 상대주의적 태도를 갖출 때 우리 문화의 발전을 도모할 수 있을 뿐만 아니라, 우리 문화의 정체성을 세계에 알릴 수 있는 기회를 가질 수 있다.

문화(文化) | 야만(野蠻) | 미개(未開) | 문화인(文化人) | 문화(文化)의 속성(屬性) | 문화절대주의(文化絶對主義) | 문화사대주의(文化事大主義) | 자문화중심주의(自文化中心主義) | 문화상대주의(文化相對主義) | 오리엔탈리즘(orientalism) | 명예살인(名譽殺人)

문화(文化)	文(글월 문) 化(될 화): 인간이 오랫동안 형성해온 생활양식의 총체

문화는 정의하기가 쉽지 않은 말이에요. 일단 한자어를 살펴보죠. 글월 문(文)에 될 화(化)자를 쓰는데, 문(文)자는 '글, 문장' 뿐만 아니라 '무늬'라는 뜻도 있어요. 영어 단어를 살펴볼까요? 문화는 'culture'인데 'cultivate', 즉 '경작하다'라는 단어에서 왔어요. 종합하면 문화란 '무늬 만듦', '땅을 경작함'과 관련이 있다는 것을 알 수 있어요. 즉, 문화란 자연에 인간의 노력을 반영시켜 인위적으로 '무늬'를 만들고 '경작'도 하는 행위나 그 산물을 의미한다고 볼 수 있죠. 따라서 '문화'의 반대말은 바로 '자연(自然)'이 되는 거예요. 일반적으로 문화는 크게 '인간 생활양식의 모든 것'이라고 정의해요. '한국문화'라는 말은 한국 사람들이 오랫동안 형성해온 생활양식의 총체인 것이죠. 하지만 때로는 문화는 좀 더 좁은 의미로 사용되기도 해요. '문화생활', '문화인'이라는 말에서의 문화는 '예술'이나 '교양, 세련된 것'을 의미한답니다.

야만(野蠻)	野(들 야) 蠻(오랑캐 만): 교양이 없고 문화의 수준이 떨어진 상태

'야만'을 한자 그대로 풀면 '들판에서 생활하는 오랑캐'를 뜻해요. '문화'의 좁은 의미인 '교양, 세련된 것'과 반대 의미라고 할 수 있죠. 외부와 잦은 교류가 없었던 옛사람들은 다른 민족 혹은 지역 사람들을 오랑캐로 폄하(貶下, 가치를 깎아내림)하기도 했어요. 옛 중국인들은 자신들이 세상의 중심이며 다른 민족은 모두 오랑캐라고 생각했죠. 근대화 과정에서 서구인들도 자신들은 문명인이자 문화인이고 다른 지역 사람들은 야만인이라고 보고 업신여기기도 했어요. 지금은 다른 국가, 민족, 문화에 대한 이해가 커지면서 이런 생각은 점차 사라지고 있어요. 어떤 문화가 야만적으로 보이는 것은 우리가 그 문화를 잘 모르기 때문일 수 있어요.

미개(未開)	未(아닐 미) 開(열 개): 발달하지 않고 수준이 낮은 상태

미개란 아직 꽃이 피지 않은 상태를 의미하는 단어이지만, 어떤 분야가 발달하지 않고 수준이 낮은 상태로 남아있는 것을 뜻하는 말로도 사용돼요. 사회가 더 나은 상태로 나아간다고 보았던 사회진화론에서는 '야만-미개-문명 단계'로 사회가 발전한다고 보기도 했어요.

문화인(文化人)	文(글월 문) 化(될 화) 人(사람 인): 교양 수준을 갖추거나 문화생활을 누리는 사람들

교양을 갖추거나 문화생활을 누리는 사람들을 일컫는 말이에요. 경제 수준이 발전했다고 해도 문화인으로서의 교양 수준을 갖추지 못한다면 발전한 사회라고 말하기 어려워요.

문화(文化)의 속성(屬性)	文(글월 문) 化(될 화) 屬(무리 속) 性(성질 성): 문화가 지닌 특성

문화가 지닌 특성을 말해요. 크게 공유성, 학습성, 축적성, 변동성, 총체성이 있어요. 문화는 그 사회 구성원들 사이에서 공유되는 것으로, 이로 인해 같은 사회 구성원끼리의 행동과 사고를 예측할 수 있어요(공유성). 한 사회의 문화는 그 사회 구성원들이 선천적으로 타고나는 것이 아니라 후천적인 학습에 의해 익히게 되지요(학습성). 더불어 문화는 한 세대를 지나 다음 세대로 전해지면서 새로운 문화 요소가 추가되기도 해요(축적성). 문화는 시간과 공간에 따라 변화를 겪지요(변동성). 주거문화가 변화하면 음식문화가 바뀌듯이 하나의 문화 요소가 변화하면 다른 문화 요소도 영향을 받아 변하는 속성을 지니고 있어요(총체성).

문화절대주의 (文化絶對主義)	文(글월 문) 化(될 화) 絶(끊을 절) 對(대할 대) 主(주될 주) 義(뜻 의): 절대적 기준으로 문화를 대하는 태도

'문화절대주의'란 어떤 문화를 바라볼 때 절대적인 기준을 두고 평가하는 것을 말해요. 물론 기준으로 삼은 문화를 좀 더 우월하고 바람직한 것으로 여기는 것이죠. 예를 들어 익숙한 자기 문화를 기준으로 다른 문화를 부정적으로 보거나, 다른 나라의 문화를 기준으로 자신의 문화를 비난하는 태도들이 바로 문화절대주의적인 태도예요. 19세기 제국주의 시대에 서구 유럽인들이 아시아나 북·남미에 가서 현지 문화를 미개한 것으로 치부하고 강제적으로 서구화시키려 한 것도 이에 해당해요.

문화사대주의 (文化事大主義)	文(글월 문) 化(될 화) 事(섬길 사) 大(큰 대) 主(주될 주) 義(뜻 의): 특정 문화를 절대적으로 섬기는 태도

'사대주의'는 힘이 센 나라를 줏대 없이 섬기는 태도를 말해요. 그렇다면 '문화사대주의'란 문화적으로 강한 나라를 무조건 따르고 좋아하는 것이겠죠. 다른 문화를 기준으로 우리 문화나 또 다른 문화를 폄하하는 것이기 때문에 문화절대주의의 한 종류라 할 수 있어요. 과거 우리나라는 지리적으로 중국과 가까워 오랫동안 많은 영향을 받아왔어요. 이 과정에서 우리나라의 많은 지식인들은 중국의 문화만을 우수한 것으로 여기고 추종하기도 했어요. 조선시대 선비들은 조선이 중국과 닮아서 자랑스럽다고도 생각했어요. 이를 '소중화사상(小中華思想)'이라 해요. 또 우리나라는 근대화 과정에서 서구의 문화만을 세련되고 발전된 것이라 생각하게 되었어요. 이 과정에서 우리의 우수한 전통이 사라지고 홀대받기도 했죠.

자문화중심주의 (自文化中心主義)	自(스스로 자) 文(글월 문) 化(될 화) 中(가운데 중) 心(마음 심) 主(주될 주) 義(뜻 의): 자신의 문화만이 우수하다고 여기는 태도

자문화중심주의는 자신의 문화는 우수하다고 여기고 다른 문화는 열등하거나 미개하다고 여기는 태도를 말해요. 말 그대로 자기 문화를 판단의 중심에 놓고 다른 문화를 배척하는 것이기 때문에 문화절대주의에 해당하죠. 대표적 사례로 중화사상(中華思想)을 들 수 있어요. 중국이라는 이름에서 알 수 있듯이 중국인들은 과거 자신들이 세상의 중심이며 자신들의 문화가 가장 우수하다는 생각을 가졌어요.

문화상대주의 (文化相對主義)	文(글월 문) 化(될 화) 相(서로 상) 對(대할 대) 主(주될 주) 義(뜻 의): 그 사회의 특성을 고려하여 문화를 이해하려는 태도

문화상대주의란 어떤 문화를 그 사회의 자연적, 역사적, 문화적 맥락 속에서 이해하려는 태도예요. 한 사회의 문화는 그 사회의 독특한 자연환경, 역사적 배경 등의 영향을 받아 만들어지죠. 울릉도에 '우데기'라는 시설이 발달한 것은 폭설이 자주 내리는 환경에 적응하기 위해서였죠. 이슬람에서는 돼지를, 인도에서는 소를 먹지 않는 데에도 나름의 이유가 있어요. 때문에 어떤 문화를 대할 때 우열 평가를 내리는 것은 옳지 않아요.

오리엔탈리즘orientalism	서양이 동양에 대해 가지고 있는 일정한 사고방식

오리엔탈리즘은 '동양'을 의미하는 'orient'라는 단어를 활용해 문화이론가 에드워드 사이드(E. Said)가 만든 개념이에요. 서양이 동양에 대해 가지고 있는 일정한 사고방식과 편견을 총칭하는 말이랍니다. 사이드는 오랜 기간 동안 서양이 동양에 대한 편견과 오해를 다양한 방식으로 형성해 왔음을 파악해 내었어요. 문학이나 논문 등에 나타난 동양에 대한 이미지는 주로 야만적이거나 감성적인 경우가 많았죠. 반면에 서양은 주로 이성적, 문명화된 사회로 그려져 왔어요. 물론 동양을 긍정적으로 묘사하는 경우도 있지만 중요한 것은 그러한 이미지가 대부분 서구인의 편견에 근거했다는 점이에요. 이러한 사고는 이후 서구 제국주의를 정당화하기도 했답니다.

명예살인(名譽殺人)	名(이름 명) 譽(기릴 예) 殺(죽일 살) 人(사람 인): 가문의 명예를 더럽혔다는 이유로 가족 구성원을 살해하는 관습

명예살인이란 가문의 명예를 더럽혔다는 이유로 가족 구성원을 살해하는 관습을 말해요. 주로 엄격한 종교 교리를 강조하는 문화나 지역에서 행해지고 있는 악습(惡習)이라고 할 수 있죠. 엄격한 이슬람 교리를 따르는 요르단, 예멘, 이집트에서 오늘날까지도 종종 일어나고 있어 안타까움을 주고 있어요. 다른 종교로 개종(改宗)한다거나 서구문화를 따르거나 하는 사람들이 그 대상이 되는 경우가 많답니다.

2 대중문화

신문과 텔레비전과 같은 대중매체의 등장은 인간의 삶을 크게 변화시켰다. 특정 계층과 집단만이 접근할 수 있었던 정보와 지식이 대중들에게 확산되기 시작했고, 사람들은 비슷한 생각과 생활방식을 공유하게 되었다. 이른바 대중이 사회에서 중요한 영향을 미치게 되는 '대중사회'가 등장한 것이다. 이후 정보·기술의 발달로 인터넷과 같은 쌍방향 매체가 등장하고, 뒤이어 1인 미디어, SNS, 스마트폰이 우리의 삶을 크게 변화시키고 있다.

　대중문화는 모순적인 성격을 동시에 지닌다. 대중문화는 대중의 지적 능력을 향상시켜 줄 수 있을 뿐만 아니라 다양한 엔터테인먼트로 우리의 삶을 풍요롭게 해준다. 하지만 동시에 상업적이며 획일적인 성격을 지녀 사람들을 중요한 사회 문제로부터 멀어지게 하는 면도 있다. 대중문화를 비판적, 능동적으로 향유하려는 태도가 필요하다 할 것이다.

대중(大衆) | **대중매체**(大衆媒體) | **대중문화**(大衆文化) | **대중문화**(大衆文化)**의 문제점** (問題點)

대중(大衆)	大(큰 대) 衆(무리 중): 산업화 이후 등장한 동질적인 집단

대중을 말 그대로 풀면 큰 무리의 사람들을 뜻하지만, 좀 더 자세히 살펴보면 그리 단순한 개념은 아니에요. 대중은 산업화 이후 등장한 동질적인 집단을 지칭하는 말로 사용되었어요. 물론 그 전에도 일반적인 사람들을 일컫는 말들은 많았죠. 백성(百姓)이니, 신민(臣民)이니 하는 말들이 있었답니다. 하지만 산업화 등의 영향으로 기존 사람들과는 다른 특성을 가진 사람들이 등장하면서 새로운 이름을 붙인 것이죠. 산업화는 사람들의 삶의 방식과 수준을 어느 정도 비슷하게 만들어 주었어요. 뿐만 아니라 민주화와 대중매체 및 대중교육의 발달로 사람들은 비슷한 수준의 지식과 정보를 나누고 비슷한 권리를 누리게 되었죠. 산업화 이후 이렇게 비슷한 사고와 삶의 방식을 공유한 사람들을 대중이라 부른답니다.

대중매체(大衆媒體)	大(큰 대) 衆(무리 중) 媒(매개할 매) 體(물체 체): 대중들에게 다량의 정보를 제공하는 수단

대중매체는 대중들에게 다량의 정보를 제공하는 수단을 말해요. 대중매체에는 잡지, 신문과 같은 인쇄매체와 라디오, 텔레비전, 인터넷 등과 같은 전자매체가 있어요. 최근에는 과학 기술의 발달로 새로운 방식으로 정보를 전달하는 뉴미디어(new media)의 개발이 활발해지고 있어요. 또한 기존에 나온 매체들 간의 융합(融合, 하나로 합침)도 이뤄지고 있답니다.
대중매체는 많은 양의 정보를 다수의 사람들에게 신속하게 전달할 수 있다는 장점이 있지만, 정보 수용자는 매체가 제공하는 정보만을 수동적으로 받아들여야 하는 문제점 등이 있었어요. 만약 잘못된 정보가 대중매체에서 유통된다면 많은 사람들은 비판 없이 잘못된 정보를 믿게 되는 거죠. 최근의 대중매체는 이러한 문제점을 극복하려 하고 있어요. 의사소통의 쌍방향성을 강화하고 정보 정확도를 높이는 등의 노력이 진행되고 있답니다.

대중문화(大衆文化)	大(큰 대) 衆(무리 중) 文(글월 문) 化(될 화): 대중들이 향유하는 문화

대중문화는 대중들이 향유하는 문화를 말해요. 대중들이 즐기는 문화에는 몇 가지 중요한 특징이 있어요. 먼저 다수가 누리는 문화이기 때문에 다수의 취향에 맞춰 대량으로 생산되고 소비되지요. 따라서 대중들은 비교적 저렴한 비용으로 대중문화를 즐길 수 있어요. 바로 이런 이유로 대중문화는 하나의 상품으로 여겨지기도 해요. 대중문화 요소를 하나의 상품으로 개발해 이윤을 발생시키는 것이죠.

또 대중문화는 대중의 기호에 맞춰 빠르게 변화하는 경향을 보여요. 대중문화는 대중매체를 통해 대중에게 소개되고 공유된다는 특징도 있어요. 예전에는 주로 TV, 라디오 등의 대중매체를 통해 대중문화가 유통되었지만 최근에는 SNS나 인터넷 등 다양한 방식으로 공유되는 경향이 있어요. 때문에 보다 다양한 내용의 대중문화가 만들어지고 향유되고 있답니다.

대중문화의 문제점(問題點)	大(큰 대) 衆(무리 중) 文(글월 문) 化(될 화) 問(물을 문) 題(물음 제) 點(점 점)

대중문화의 가장 큰 문제점은 문화의 획일화와 상품화예요. 대중문화는 대중매체를 통해 빠르고 광범위하게 확산되고 공유되게 됩니다. 따라서 많은 사람들이 비슷한 문화를 소비하게 되는 것이죠. 이러한 현상은 결국 문화의 획일화를 야기할 수 있어요. 사람들이 대중문화 이외의 것에 대해서는 관심을 기울이기 어렵게 되는 것이죠. 특히 대중문화는 다수의 사람들의 욕구를 충족시키고 싶어 하기 때문에 대개 재미있고 가벼운, 더 나아가 자극적인 소재와 내용들로 채워지게 돼요. 많은 사람들이 좋아하고 소비할 수 있는, 즉 상품가치가 있는 문화만이 대중문화가 되는 것이죠. 이렇게 되면 소수의 사람들이 즐기는 문화, 상품가치가 없는 문화 등은 사라지게 되겠죠. 상업적인 대중문화만이 존재하는 사회에서는 다양한 문화 발전을 기대하기 어려워요.

3 문화 변동

한 사회의 문화는 고정불변(固定不變)의 것이 아니며, 내·외부적 요인에 의해 끊임없이 변화한다. 새로운 기술과 사상의 발달로 새로운 문화 요소가 발명되거나 발견되기도 하고, 외부 문화로부터 새로운 문화가 유입되어 그 사회에 변화를 일으키기도 하는 것이다.

문화 변동은 자연스러운 현상이지만 지나치게 변동 속도가 빠를 경우, 문화지체나 문화적 정체성 약화와 같은 문제가 발생할 수도 있다. 또한 이질적인 문화를 지닌 사람들이 서로 갈등하는 현상도 나타나게 된다. 문화를 둘러싼 문제와 갈등을 해결하기 위해서는 문화 변동 현상에 대한 이해와 능동적인 적응과 더불어 다른 문화를 대하는 상대주의적 태도가 필요하다.

문화 변동(文化變動) | **문화**(文化)**의 섬** | **문화적**(文化的) **정체성**(正體性) | **문화 전파**(文化傳播) | **발명**(發明) | **발견**(發見) | **문화 경관**(文化景觀) | **문화**(文化)**의 동질화**(同質化) | **문화 융합**(文化融合) | **문화권**(文化圈) | **문화 갈등**(文化葛藤) | **문화지체**(文化遲滯)

| 문화 변동(文化變動) | 文(글월 문) 化(될 화) 變(변할 변) 動(움직일 동): 한 사회의 문화가 내·외부적 요인에 의해 변화를 겪는 것 |

문화 변동이란 한 사회의 문화가 내부적, 외부적인 요인에 의해 변화를 겪는 것을 말해요. 내부적 요인에는 한 사회 내부에서 새로운 문화 요소가 발견되거나 발명되는 경우가 있어요. 망원경의 발명으로 태양의 흑점이 발견되고, 증기기관이 발명됨에 따라 산업화가 빠르게 진행되었던 일을 예로 들 수 있겠죠. 외부적인 요인의 예로는 조선시대에 중국으로부터 한자 및 유교가 전파된 것을 들 수 있어요.

| 문화(文化)의 섬 | 주변의 일반적인 문화와는 다른 양상을 띠는 독특한 문화가 나타나는 지역 |

사람들의 이동과 교류가 증가하고, 대중매체 등이 발달하면서 세계의 다양한 문화가 다른 사회로 유입돼요. 이 과정에서 특정 문화가 전파되기도 하고, 기존의 문화에 영향을 미쳐 새로운 문화가 만들어지기도 하지요. 그런데 문화 전파와 생성이 한 사회 내에서 한꺼번에 똑같이 일어나는 것은 아니에요. 특정 지역이나 집단에서 더 활발하게 일어나거나 덜 일어나기도 하지요. 따라서 어떤 한 지역의 문화가 다른 지역과는 다른 양상을 띠게 되는 경우가 생기기도 해요. 이처럼 문화의 섬이란 주변의 일반적인 문화와는 달리 독특한 문화가 나타나는 지역을 말해요. 소수 민족이 그 사회의 주류 민족과 구별되는 자신들만의 문화를 유지해갈 때 이 현상이 나타나기도 해요.

| 문화적(文化的) 정체성(正體性) | 文(글월 문) 化(될 화) 的(과녁 적) 正(바를 정) 體(몸 체) 性(성질 성): 각 문화가 지니고 있는 고유한 특성 |

각각의 문화가 지니고 있는 고유한 특성을 말해요. 주로 한 사회의 문화적 정체성은 그 사회의 전통에 기반을 두며, 사회 구성원들이 공유하는 규범이나 가치관, 생활방식 등을 통해 형성이 된답니다. 세계화를 통해 문화적 교류가 활발해지면서 다양한 문화를 경험할 수 있게 되었지만, 동시에 우리 문화의 정체성이 약화될 수 있는 위험성도 커지고 있어요.

문화 전파(文化傳播)	文(글월 문) 化(될 화) 傳(전할 전) 播(퍼뜨릴 파): 한 사회의 문화가 다른 사회에 퍼져 정착되는 현상

'전파(傳播)'는 '전해져 널리 퍼진다.'는 뜻을 지닌 말이에요. '문화 전파'는 한 사회의 문화가 다른 사회로 전해진 뒤 그 사회에서 퍼져 정착되는 현상을 말해요. 문화 전파가 이뤄지는 방식은 '직접전파, 간접전파, 자극전파' 등 다양하지요. 직접전파는 두 문화가 직접적으로 접촉하고 교류하여 문화가 전해지는 것을 말해요. 전쟁이나 국경지대의 무역을 통해 두 문화가 서로 영향을 주고받는 경우를 떠올려 보세요. 간접전파는 대중매체를 통해 외국 문화가 소개되어 사람들이 그 문화를 즐기게 되는 경우처럼 매개체를 통해 문화가 전파되는 현상을 말해요. 자극전파는 외부 문화 요소에서 자극이나 아이디어를 얻어 한 사회에서 새로운 문화 발명이 일어나는 경우를 말하죠. 신라의 설총이 한자에서 아이디어를 얻어 '이두'라는 새로운 글자를 발명한 사례가 대표적이에요.

발명(發明)	發(일어날 발) 明(밝을 명): 새로운 물건이나 사상을 만들어 내는 것

발명은 한 사회의 문화를 변동시키는 요인 중의 하나예요. 발명이란 기존에 없던 문화요소, 즉 물건이나 사상을 새롭게 만들어 내는 것을 말한답니다. 자동차나 망원경은 인간의 지식과 기술 발달로 인해 발명된 물건이죠.

발견(發見)	發(일어날 발) 見(볼 견): 기술 등의 발전으로 기존의 문화요소를 새롭게 찾아내는 것

발견은 발명과 더불어 문화를 변동시키는 요인 중의 하나예요. 발견은 기존에 있던 문화요소를 새롭게 찾아내는 것을 말해요. 태양의 흑점은 천체 망원경의 발명을 통해 비로소 발견되었답니다.

문화 경관(文化景觀)	文(글월 문) 化(될 화) 景(경치 경) 觀(볼 관): 문화를 가진 인간 집단이 형성한 모습들

문화를 가진 인간 집단이 어떤 장소에 거주하면서 형성한 모습들을 문화 경관이라 해요. 문화 경관은 시간이 지남에 따라 변화하기도 하고 새로운 문화의 유입으로 새로운 경관이 형성되기도 하지요.

문화(文化)의 동질화(同質化)	文(글월 문) 化(될 화) 同(같을 동) 質(바탕 질) 化(될 화): 각 문화의 고유성이 사라지는 현상

각 사회가 가지고 있는 문화의 고유성이나 특성이 사라지고 각 지역의 문화가 비슷해져 가는 현상을 말해요. 세계화가 진행되고 대중매체가 발달하면서 전 세계적으로 문화의 동질화 현상이 두드러지게 나타나고 있어요.

문화 융합(文化融合)	文(글월 문) 化(될 화) 融(녹일 융) 合(합할 합): 서로 다른 문화 요소들이 결합하여 새로운 문화를 형성하는 현상

문화 융합이란 서로 다른 문화 요소들이 결합해서 기존 문화 요소들의 성격을 지니면서도 기존 문화 요소들과 다른 성격을 지닌 제3의 문화를 형성하는 현상이에요. 라이스 버거, 김치 피자와 같은 퓨전(fusion) 요리가 대표적인 사례예요. 이러한 문화 융합은 문화의 다양성을 만들어 내는 중요한 과정이라 할 수 있어요.

문화권(文化圈)	文(글월 문) 化(될 화) 圈(경계 권): 동질적 문화 유형이 나타나는 지리적 범위

문화권은 동질적 문화 유형이 나타나는 지리적 범위를 말해요. 따라서 공통된 문화 특징을 보이는 지역을 같은 문화권이라고 표현하지요. 최근 세계화의 흐름에 따라 문화요소가 전파되는 범위가 넓어지고 속도가 빨라서 전 세계가 하나의 문화권이 되어가고 있답니다.

문화 갈등(文化葛藤)	文(글월 문) 化(될 화) 葛(칡 갈) 藤(등나무 등): 문화 차이로 인해 발생하는 갈등

문화 차이로 인해 발생하는 다양한 형태의 갈등을 문화 갈등이라 해요. 세계화로 인해 한 사회에 다양한 문화적 정체성을 가진 사람들이 모여 살게 되면서 서로 간의 문화를 충분히 이해하지 못하게 되면 갈등이 발생할 수 있어요.

문화지체(文化遲滯)	文(글월 문) 化(될 화) 遲(늦을 지) 滯(막힐 체): 물질문화에 비해 비물질 문화의 변동 속도가 늦는 현상

문화의 종류에는 물질문화와 비물질 문화가 있어요. 그런데 때로는 물질문화(기술 등)와 비물질 문화(가치관, 규범 등)가 발달하는 속도에 차이가 발생할 수 있어요. 문화지체는 물질문화의 빠른 발전 속도에 비해 비물질 문화의 발전 속도가 늦는 현상을 말해요. 기술의 발달로 누구나 핸드폰을 소유하고 사용하고 있지만, 핸드폰 사용 예절은 발달하지 않은 것을 예로 들 수 있어요.

start!

IV
정치

參(참여할 참) 政(정사 정) 權(권리 권):
정치에 참여할 수 있는 권리

참정권
(參政權)

1 정치생활과 민주주의

고대 그리스 아테네에서 출발한 민주주의는 현대 사회를 움직이는 중요한 틀로서 자리매김했다. 대부분의 현대 국가들은 민주주의에 기초하여 정치를 행하고 법을 만들고 집행한다. 민주적인 정치는 바로 시민이 주인이 되는 정치로, 인간의 존엄성을 실천하여 살기 좋은 사회를 구현하는 것을 목적으로 한다. 민주 정치의 발전 과정과 민주 정치의 원칙 등을 배움으로써 민주적 사회 발전에 필요한 자질을 키울 수 있다.

정치(政治) | **권력**(權力) | **정책**(政策) | **정권**(政權) | **민회**(民會) | **시민혁명**(市民革命) | **법치주의**(法治主義) | **천부인권**(天賦人權) **사상** | **사회계약설**(社會契約說) | **계급**(階級)과 **계층**(階層) | **참정권**(參政權) | **다수결**(多數決)의 원칙 | **민주주의**(民主主義) | **전자민주주의**(電子民主主義)

정치(政治)	政(정사 정) 治(다스릴 치): 의견을 조정하고 갈등을 해결하는 모든 활동

정치란 의견을 조정하고 갈등을 해결하는 모든 활동을 말해요. 많은 사람들이 모여 사는 사회에서는 다양한 크고 작은 갈등과 분쟁들이 생길 수밖에 없어요. 때문에 질서와 조화를 위해서는 국가가 법과 제도 등을 통해 이러한 갈등을 조정해야 할 필요가 있답니다. 좁은 의미로는 바로 이러한 갈등 조정 활동을 정치라 해요. 하지만 넓게는 바람직한 사회를 이루기 위해 권력을 행사하고 희소가치를 분배하는 모든 활동을 말하기도 한답니다.

권력(權力)	權(권세 권) 力(힘 력): 남의 생각과 행동에 영향을 미칠 수 있는 힘

권력은 남의 생각과 행동에 영향을 미칠 수 있는 힘을 말해요. 좁게는 경찰·군대·교도소 등의 기관을 통해 집행되는 정부나 국가가 가진 권력, 즉 공권력(公權力)을 의미해요. 넓게는 다른 사람을 복종시키거나 지배하는 힘을 의미하지요. 권력은 사회과학에서 오랫동안 다뤄온 중요한 주제랍니다. 따라서 학자마다 권력을 정의하는 방식이 워낙 다양하다는 점도 알아두어야 해요.

정책(政策)	政(정사 정) 策(계책 책): 정부나 공공기관이 사회 문제를 해결하여 삶의 질을 향상시키려는 활동

정책은 정부나 공공기관이 사회 문제를 합법적으로 해결하여 사람들의 삶의 질을 향상시키려는 활동을 말해요. 사회 문제란 많은 사람들이 부정적이라 생각하는 현상들을 말해요. 경제적 불평등이나 환경오염 등, 우리 사회에는 반드시 해결해야 하는 다양한 사회 문제들이 있답니다. 이런 문제를 해결하기 위해 실천하는 다양한 활동을 정책이라 하는 것이죠.

정권(政權)	政(정사 정) 權(권세 권): 나라를 운영하는 실질적인 정치권력

정권은 한 나라의 통치기구를 움직이는 실질적인 정치권력을 말해요. 실질적으로 정부를 구성해 정치를 운영하는 권력을 가리키는 말로, 구체적으로 행정부나 대통령을 의미하기도 해요.

민회(民會)	民(백성 민) 會(모일 회): 고대 그리스에 있었던 정기적 시민 총회

고대 그리스 도시 국가에 있었던 정기적인 시민 총회를 '민회'라 해요. 민회에서는 시민권을 가진 시민들이 모여 전쟁과 관련된 중요 사항이나 전염병에 대한 대책 등 국가의 중요 정책들을 다수결 원리로 투표를 통해 결정했어요. 투표할 때는 손을 들거나 항아리 속에 투표용 조가비를 넣어 의사를 표시했어요. 민회는 왕정, 귀족정치, 과두정치, 민주정치, 마케도니아 지배 시대까지 그리스 역사 전 시기에 걸쳐 그 기능을 담당해온 제도로서 민주주의의 상징으로 자리잡아 왔어요. 하지만 당시 노예, 여성, 외국인은 시민권을 갖지 못했기 때문에 민회는 제한적인 민주 정치 제도라는 평가를 받아요.

시민혁명(市民革命)	市(시장 시) 民(백성 민) 革(가죽 혁) 命(목숨 명): 시민이 중심이 되는 근대국가를 만들기 위해 노력한 사건

시민혁명이란 시민들이 봉건 제도의 모순을 없애고 시민이 중심이 되는 근대국가를 건설하기 위해 노력한 역사적 사건을 말해요. 17~18세기 유럽에서 일어난 시민혁명을 통해 근대화가 진행되었죠. 시민들이 없애고 싶어 했던 대표적인 모순은 바로 신분제예요. 근대화 이전의 사회에는 엄격한 신분제도가 존재했어요. 사람들은 철저히 구분된 신분에 맞춰 평생을 살아가야 했지요. 이러한 사회의 모순을 극복하기 위해 사회를 개혁하려 했던 거죠. 시민혁명 이후 시민들은 법적인 자유와 평등을 보장받게 되었어요. 역사 속의 대표적인 시민혁명으로는 영국의 명예혁명(1688~89), 미국의 독립혁명(1775~83), 프랑스 대혁명(1789~94)이 있답니다.

법치주의(法治主義)	法(법 법) 治(다스릴 치) 主(주될 주) 義(뜻 의): 법에 의해 나라를 다스려야 한다는 원칙

나라는 법에 의해 다스려야 한다는 원칙을 '법치주의'라 해요. 이때 법은 의회에서 제정된 법률을 의미해요. 근대화 이전의 사회에서는 절대적 권력을 지닌 왕이 모든 것의 기준이 되었죠. 법이 있다 하더라도 그것은 결코 시민들의 의견이 반영된 것이라고 보기는 어려웠어요. 법치주의는 이러한 봉건적 질서에 의한 국가 지배를 거부하는 사상이에요. 진정한 법치주의를 실현하기 위해서는 법이 의회에 의해 만들어져야 하고, 사법기관은 독립성을 보장받아야 하고, 국가는 법률에 근거하여 운영되어야 한답니다.

천부인권(天賦人權) 사상	天(하늘 천) 賦(줄 부) 人(사람 인) 權(권리 권): 인간은 태어나면서부터 남에게 침해받지 않을 기본적 권리를 갖는다는 사상

17~18세기 유럽에서 등장한 사상이에요. 인간은 태어나면서부터 남에게 침해받지 않을 기본적 권리를 가진다는 주장이 담겨있어요. 천부인권 사상은 시민계급의 등장과 함께 만들어졌고 이후 시민혁명 등 근대화를 일으킨 중요한 동력이 되었어요. 모든 인간이 그 누구로부터도 침해받지 않을 기본적인 권리, 자유와 평등을 누릴 수 있는 권리를 가졌다는 주장은 당시로서는 획기적인 생각이었답니다.

사회계약설 (社會契約說)	社(모일 사) 會(모일 회) 契(맺을 계) 約(묶을 약) 說(말씀 설): 사회나 국가는 개인들 간의 계약을 통해 만들어진다는 주장

사회 혹은 국가는 개인들 간의 계약을 통해 만들어진다는 주장이에요. 인간은 자유와 평등을 누릴 권리를 갖는데, 자연 상태 즉 정치 제도가 존재하지 않던 혼란의 상태에서 인간은 그 권리를 보장받기 어렵다고 봤어요. 따라서 인간의 권리를 보장하기 위해 계약을 맺어 국가를 구성해 자신들의 권리를 국가에 위임했다는 입장을 '사회계약설'이라 해요. 사회계약설에 따르면 국가는 사람들이 권리를 양도한 것이어서 국가가 국민의 자유와 권리를 침해한다면 국가 권력의 제한 및 교체 등을 할 수 있다고 본답니다. 이렇듯 사회계약설은 국가의 등장 배경과 역할을 설명한 사상이라 할 수 있어요. 대표적인 학자로는 홉스, 로크, 루소 등이 있어요.

계급(階級)과 계층(階層)	階(차례 계) 級(등급 급) 層(층 층): 사회 안에서 일정한 기준에 따라 구별되는 사람들의 집단

계급과 계층은 모두 사회 안에서 일정한 기준에 따라 구별되는 사람들의 집단을 일컫는 개념이에요. 계급이 주로 경제적인 기준으로 집단을 분석하고 계급 간 권력 관계에 관심을 갖는 반면, 계층은 경제, 정치, 문화적인 다양한 측면을 고려하여 사회 내부의 분포를 밝히는 데 관심이 있어요. 한 사회에는 재산의 소유 정도에 따라, 명예나 위신에 따라 다양한 집단이 존재하지요. 이렇듯 '계급'과 '계층'은 한 사회 구성원들이 어떻게 분포되고 어떠한 관계를 형성하고 있는지 등을 밝히는 데 활용되는 개념이랍니다.

참정권(參政權)	參(참여할 참) 政(정사 정) 權(권리 권): 정치에 참여할 수 있는 권리

참정권이란 국민이 정치에 참여할 수 있는 권리를 말해요. 참정권은 대한민국 국민은 누구나 갖게 되는 기본권이랍니다. 과거에는 일부 특권층만 누렸던 참정권은 18세기 시민혁명 이후에 점차 전 사회구성원으로 확대되기 시작했어요. 따라서 참정권이 누구에게 있는가는 그 사회의 민주화 정도를 가늠할 수 있는 중요한 기준이 되기도 해요. 참정권에는 국가 기구에 참가할 권리(공무 담임권, 피선거권), 참가하는 사람을 결정하는 권리(선거권), 또는 국가 의사 결정에 참여할 권리(국민 투표권) 등이 있어요.

다수결(多數決)의 원칙	多(많을 다) 數(수효 수) 決(결정할 결): 다수의 의견에 따라 의사를 결정하려는 원칙

다수결의 원칙은 의사를 결정할 때 다수의 의견에 따르는 원칙이에요. 다양한 가치와 의견을 지닌 사람들이 모여 사는 사회에서 어떠한 사안에 대해 민주적으로 의견을 정하기 위해서 만들어졌어요. 이상적으로는 만장일치(滿場一致, 모든 사람의 의견이 같음)가 가장 좋지만, 현실에서는 그러한 현상이 나타나기가 무척 어려워요. 따라서 다수의 판단이 소수의 판단보다 더 합리적일 것이라는 가정 하에서 다수결의 원칙이 고안된 것이죠. 다수결의 원칙은 오늘날 민주 정치의 기본원리에 속해요.

민주주의(民主主義)	民(백성 민) 主(주인 주) 主(주될 주) 義(뜻 의): 국민에게 주권을 두고 국민에 의해, 국민을 위해 행해지는 정치방식

영어로 민주주의는 데모크라시(democracy)라고 해요. 이 말은 그리스어 '데모크라티아(demokratia)'에서 유래되었는데 '다수에 의한 지배'라는 뜻을 지니고 있답니다. 다시 말해 국가의 주권이 국민에게 있고 국민에 의해, 국민을 위한 정치가 이뤄지는 정치방식을 말해요. 민주주의 정치 제도를 처음으로 시행했다고 알려져 있는 고대 그리스에서는 시민권을 가진 성인 남성들만이 다수결의 원칙을 통해 정치에 참여했어요. 이후 근대화 과정을 거쳐 모든 사람들이 다양한 방식으로 정치에 참여할 수 있게 되면서 민주주의는 더욱 발전하게 되었어요. 단, 현대 민주주의는 개개인이 모든 정치과정에 참여하지 않고 국민이 선출한 대표를 통해 정치적 활동과 권한을 대신하게 하는 '대의(代議) 민주주의'가 시행되고 있어요.

전자민주주의 (電子民主主義)	電(전기 전) 子(접미사 자) 民(백성 민) 主(주인 주) 主(주될 주) 義(뜻 의): 정보통신 기술을 활용하여 정치 과정에 시민이 직접 참여하는 방식

전자민주주의는 발전한 정보통신 기술을 활용하여 정치 과정에 시민이 직접 참여하는 방식을 말해요. 오늘날 대부분의 사회는 고대 그리스와 달리 '대의민주주의'로서 간접민주주의를 실시하고 있어요. 그런데 정치인들이 국민의 이익보다는 자신의 이익을 중시하거나, 국민의 입장을 대표하지 못하는 등 문제점이 많이 나타나고 있답니다. 정보통신 기술의 발달은 이러한 간접민주주의의 한계를 극복할 수 있는 대안으로 등장했어요. 가장 대표적인 방법은 인터넷을 이용하는 것이에요. 인터넷을 통한 의견 수렴, 온라인 투표, 사이버 국회, 온라인 정책 토론 활동 등을 통해 국민들이 직접 정치에 참여할 수 있는 가능성이 생겼답니다.

2 민주 국가의 정부 형태

오늘날 대부분의 국가에서는 민주주의를 표방하고 있으며 이를 구현하기 위한 정부 형태를 구성하고 있다. 정부 형태는 각 나라의 역사적, 정치적 실정에 따라 차이를 보이면서도 궁극적으로는 인간의 존엄성 실천이라는 목적에서 공통점을 지니고 있다. 정부 형태는 주로 입법부와 행정부 간의 관계에 따라 의원내각제와 대통령제로 구분된다.

내각(內閣) | 의원내각제(議員內閣制) | 삼권분립(三權分立) | 입법(立法) | 탄핵소추권(彈劾訴追權) | 행정(行政), 행정부(行政府) | 대통령(大統領) | 대통령(大統領)의 특권(特權)과 임무(任務) | 국무총리(國務總理) | 사법(司法) | 사법부(司法府) | 배심제도(陪審制度) | 헌법재판소(憲法裁判所) | 헌법재판소(憲法裁判所)의 역할(役割) | 저작권(著作權)

내각(內閣)	内(안 내) 閣(내각 각): 행정권의 집행을 담당하는 최고 합의 제 기관

내각은 국가의 통치 권력인 입법, 행정, 사법의 3권 중에서 행정권의 집행을 담당하는 최고 합의제 기관을 말해요. 내각은 영국에서 처음 생긴 제도로, 11세기 국왕 보좌기관인 상임고문회의에서 출발했어요. 내각(cabinet)이라는 용어는 17세기 찰스1세 때 국왕이 정치의 자문을 받던 소위원회를 '내각회의(cabinet council)'로 부르기 시작하면서 사용되기 시작했답니다. 내각은 그 권한과 기능이 나라에 따라 매우 다양해요. 우리나라는 국무원 또는 국무회의가 바로 내각에 해당되는 기관인데, 정부의 중요 정책을 심의하는 헌법기관으로 되어 있어요. 우리나라는 헌법에서 대통령제를 채택하고 있지만 국무회의와 같은 정책 집행을 위한 헌법상 심의기관을 두어 영국식 의원내각제를 부분적으로 절충하고 있다고 할 수 있어요.

의원내각제 (議員內閣制)	議(의논할 의) 員(인원 원) 内(안 내) 閣(내각 각) 制 (법도 제): 내각의 성립과 유지를 위해 국회의 신임이 필요한 정부 형태

의원내각제란 내각(행정부)의 성립과 유지를 위해서는 국회의 신임이 필요한 정부 형태를 말해요. 대통령제와 더불어 현대 입헌민주국가의 대표적인 정부형태랍니다. 내각책임제, 또는 의회정부제라고도 해요. 국회가 내각을 신임하지 않으면 내각은 총사퇴를 하거나 국회를 해산하여 국민에게 신임을 묻는 총선거를 실시하고 그 결과에 따라 진퇴 여부를 결정해야 해요. 내각은 집권당, 혹은 연합정부에 참여한 여러 정당 의원들이 구성하고 정당이 모든 정치적 책임을 지는 것이 특징이랍니다. 영국이 대표적으로 의원내각제를 실시하는 나라예요.

삼권분립(三權分立)	三(석 삼) 權(권세 권) 分(나눌 분) 立(설 립): 국가권력 작용을 입법·사법·행정으로 나눠 서로 견제와 균형을 유지하고자 하는 원리

국가권력의 작용을 입법·사법·행정 셋으로 나누고, 이를 각각 독립된 기관에 나누어 서로 견제와 균형을 유지하게 하여 권력의 집중과 남용을 방지하려는 정치조직 원리를 말해요. 입법권은 국회, 사법권은 법원, 행정은 대통령을 수반으로 하는 정부가 행사하도록 되어 있어요.

입법(立法)	立(설 립) 法(법 법): 법을 세우는 일

입법은 법을 세우는 일, 즉 법을 만드는 일을 말해요. 입법부는 정기적으로 국민이 선출한 의원들이 입법 활동이나 중요 정책 결정에 참여하는 회의체 국가 기관이랍니다. 대표적인 입법 기관은 국회예요.

탄핵소추권 (彈劾訴追權)	彈(탄핵할 탄) 劾(꾸짖을 핵) 訴(호소할 소) 追(쫓을 추) 權(권리 권): 높은 직위의 공무원의 잘못과 비리에 대해 소를 제기할 수 있는 국회의 권리

탄핵(彈劾)이란 높은 직위의 공무원의 잘못과 비리에 대해 국회가 소추(訴追, 형사상의 소를 제기하여 수행하는 것)하여 해임(解任, 지위나 맡고 있는 임무를 내려놓게 함)하거나 처벌하는 제도예요. 대통령과 국무총리, 국무위원, 헌법재판소 재판관과 같은 고위 공무원들이 직무 수행 과정에서 헌법이나 법률을 위반했을 때에는 사법기관에서 소추하거나 처벌할 수 없답니다. 이들은 오직 국회에서만이 탄핵의 소추를 결정할 수 있죠. 탄핵소추는 재적의원 3분의 1 이상의 발의에 의해, 재적의원 과반수의 찬성으로 의결할 수 있어요. 단, 대통령의 경우는 국회 재적의원 과반수의 발의와 재적의원 3분의 2 이상의 찬성이 있어야 해요.

행정(行政), 행정부(行政府)	行(행할 행) 政(다스릴 정) 府(관청 부): 법률을 집행하고 정책을 세우고 실행하는 일, 그리고 그것을 관장하는 기관

입법, 사법과 더불어 국가 권력 작용의 하나예요. 행정은 법률을 집행하고 정책을 세우고 실행하는 것을 말해요. 행정부는 그러한 일을 담당하는 기관이죠. 우리나라의 행정부는 대통령을 수장으로 하여, 국무총리, 국무회의, 행정 각부, 감사원, 각종 대통령 자문 기구 등으로 구성되어 있어요.

대통령(大統領)	大(큰 대) 統(거느릴 통) 領(다스릴 령): 한 나라를 대표하는 최고 통치권자

대통령은 한 나라를 대표하고 행정권의 으뜸이 되는 최고 통치권자예요. 대통령의 지위나 권력은 나라마다 조금씩 다를 수 있어요. 미국에서는 대통령의 지위가 입법부, 사법부와 같지만, 라틴 아메리카, 아프리카 등에서는 대통령이 더 높은 지위를 지니고 있답니다. 대통령의 임기도 나라마다 4년제에서 7년제까지 다양하고, 연임(連任, 연속으로 두 번 대통령직을 수행하는 것)을 허용하는 나라가 있는 반면, 허용하지 않는 나라도 있어요. 대통령을 선출하는 방식도 국민투표, 선거인단투표, 의회투표 등 다양해요.

대통령의 특권(特權)과 임무(任務)	大(큰 대) 統(거느릴 통) 領(다스릴 령) 特(특별할 특) 權(권세 권) 任(맡길 임) 務(힘쓸 무)

대통령은 내란죄(內亂罪, 폭동을 통해 국가를 위태롭게 한 죄)와 외환죄(外患罪, 외부로부터 국가를 위태롭게 하는 죄)를 제외하고는 재직 중 형사상의 소추를 받지 않는 특권을 지니고 있을 뿐만 아니라, 국가원수 또는 행정부의 수장으로서 많은 권한을 행사할 수 있어요. 외교에 관한 권한, 조약체결 및 비준(批准, 확인) 권한, 선전포고(宣戰布告, 다른 나라에 대해 전쟁을 함을 선언함) 및 강화(講和, 전쟁을 멈춤) 권한, 공무원임면권(公務員任免權, 공무원을 임명 또는 파면할 수 있는 권한), 국군통수권 등을 가져요. 물론 대통령이 지켜야 할 의무도 있어요. 헌법을 지키고 다른 직책을 맡지 않아야 하고, 청렴해야 한답니다.

국무총리(國務總理)	國(나라 국) 務(힘쓸 무) 總(합할 총) 理(다스릴 리): 대통령의 명을 받아 행정부를 통괄하는 지위

대통령중심제를 중심으로 하여 내각책임제를 일부 도입한 나라에서 볼 수 있는 제도예요. 우리나라에도 국무총리 제도가 있어요. 국무총리는 대통령의 명을 받아 행정 각부를 통괄하는 일을 맡아서 해요.

사법(司法)	司(맡을 사) 法(법 법): 분쟁을 해결하는 국가 작용

사법은 다툼이 발생할 때 독립된 지위를 가진 기관이 객관적 입장에서 법을 적용하고 결과를 선언하여 분쟁을 해결하는 국가 작용을 말해요. 헌법상 사법에 대한 권한, 즉 사법권은 원칙적으로 법원이 가지고 있어요.

사법부(司法府)	司(맡을 사) 法(법 법) 府(관청 부): 사법권을 관장하는 곳

사법부는 입법권·행정권과 함께 국가 3대 권력 중 하나인 사법권을 관장하는 곳이에요. 법에 따라 재판을 하는 기관이지요. 사법부는 삼권분립의 원칙에 따라 독립성이 보장되고, 법치주의에 의해 법을 해석하고 판단하지요. 사법부는 법관으로 구성되고 대표자는 대법원장이에요.

배심제도(陪審制度)	陪(도울 배) 審(살필 심) 制(법도 제) 度(법도 도): 일반 시민이 배심원이 되어 재판 과정에 참여하는 제도

미국 드라마나 영화에서 배심원들이 의견을 모아 사건을 평결하는 것을 본 적이 있을 거예요. 배심제도는 전문 법조인이 아닌 일반 시민이 재판 과정에 참여하여 범죄의 사실 여부를 판단하는 제도를 말해요. 영미권 국가에서는 활발히 실시되고 있지만 아직 우리나라에서는 본격적으로 실시하고 있지는 않아요.

헌법재판소 (憲法裁判所)	憲(법 헌) 法(법 법) 裁(마를 재) 判(판결할 판) 所(곳 소): 위헌법률심판, 탄핵심판, 정당해산심판 등을 담당하는 특별 법원

민주주의 국가에서는 입법, 사법, 행정 등 삼권이 나눠져 있어, 서로의 권력을 견제하여 균형을 이루는 것이 중요해요. 그런데 독일에서 나치 정권의 등장으로 삼권분립의 원칙이 무너지고 전쟁이 일어나 많은 사람들이 고통을 받았죠. 전쟁 이후 독일은 어느 누구도, 어떤 기관도 권력을 장악해서 마음대로 할 수 없도록 헌법재판소를 만들었고, 이 제도가 전 세계적으로 확산되었어요.

헌법재판소의 역할(役割)	憲(법 헌) 法(법 법) 裁(마를 재) 判(판결할 판) 所(곳 소) 役(일할 역) 割(나눌 할)

헌법재판소는 위헌법률심판, 탄핵심판, 정당해산심판, 권한쟁의심판, 헌법소원심판의 업무를 담당해요. 위헌법률심판이란 법률이 헌법에 부합한지 여부를 판단하여 헌법에 맞지 않는 법은 없앨 수 있도록 하는 것이에요. 탄핵심판은 대통령과 같이 높은 자리에 있는 공무원이 헌법이나 법을 어긴 경우, 그 자리에서 물러나게 하는 것이에요. 정당해산심판은 어떤 정당이 추구하는 바가 헌법이 정한 이념과 가치에 부합하는지를 판단하여 당을 해산시킬지를 결정하는 것이죠. 권한쟁의심판은 국가기관과 지방자치단체 간, 또는 국가기관과 국가기관, 지방자치단체와 지방자치단체 간의 권한 갈등을 해결하는 것이에요. 헌법소원심판은 국민이 직접 요청할 수 있는 재판으로, 국가 권력이 국민의 기본권을 침해할 때 국민이 헌법소원심판을 요청하여 국가권력이 더 이상 국민의 기본권을 침해하지 못하도록 하는 것이랍니다.

저작권(著作權)	著(저술할 저) 作(지을 작) 權(권리 권): 저작자가 저작물에 대해 갖는 배타적인 권리

인간의 사상 또는 감정을 표현한 창작물을 저작물이라고 해요. 이 저작물을 만든 사람이 자신의 창작물에 대해 갖는 배타적인 권리를 저작권이라고 한답니다. 작가가 쓴 작품, 학자의 논문이나 강연 자료, 음악, 연극, 회화, 서예, 조각, 건축물, 사진 등 사람들이 만들어낸 모든 창작물에 대해서는 권리가 자연스럽게 생긴답니다. 따라서 다른 사람의 창작물을 허락 없이 사용했다가는 처벌을 받을 수 있어요.

3 정치 과정과 시민참여

현대 민주 사회는 다양한 이해관계와 가치가 공존하고 충돌한다. 사회 속에서 발생하는 다원적 가치 충돌과 갈등은 정치 과정을 통해 조정되는데, 정치 과정에는 다양한 정치 주체가 참여하여 정책 결정에 영향을 미치게 된다. 선거와 지방자치제도의 실시 등, 시민들의 정치 참여는 민주주의의 발전을 통해 더욱 확장되고 있다.

01 정치 과정과 선거

이해관계(利害關係) | 언론(言論) | 이익집단(利益集團) | 정당(政黨) | 국가기관(國家機關) | 정치 과정(政治過程) | 선거(選擧) | 유권자(有權者) | 대리선거(代理選擧) | 선거 공영제(選擧公營制) | 선거구 법정주의(選擧區法定主義) | 민주 선거(民主選擧) | 보통 선거(普通選擧) | 직접 선거(直接選擧) | 비밀 선거(祕密選擧)

02 지방자치제도의 이해

지방자치제도(地方自治制度) | 지방 정부(地方政府) | 주민발의(住民發議) | 민원(民願) | 공청회(公聽會) | 감사청구제(監査請求制) | 선거구(選擧區) | 의결기관(議決機關) | 집행기관(執行機關) | 조례(條例) | 규칙(規則) | 감사(監査)

01 | 정치 과정과 선거

현대 사회에서는 다양한 가치와 이해의 충돌을 정치 과정을 통해 조정한다. 정치 과정에는 시민, 언론, 정당, 이익집단, 시민단체, 정부 등 다양한 정치 주체가 참여하며 민주적 선거를 통해 의사를 결정한다.

이해관계(利害關係)	利(이로울 이) 害(해할 해) 關(관계할 관) 係(이을 계): 이익이나 손해가 개입할 수 있는 사람들 사이의 관계

사람 혹은 집단 사이에서 이익이나 손해의 득실(得失, 얻고 잃음)이 개입할 수 있는 관계를 말해요. 예를 들어 경쟁하고 있는 A회사와 B회사는 서로 이해관계에 있다고 할 수 있어요.

언론(言論)	言(말씀 언) 論(말할 론): 매체를 통해 사실을 알리고 여론을 형성하는 활동

상대방에게 자신의 생각을 말이나 글 등을 통해 표현하는 활동을 넓은 의미의 언론이라고 해요. 하지만 사회가 발전하면서 다양한 정보를 모으고 자신의 의견을 표현하는 일이 점차 어려워지게 되었어요. 따라서 개인을 대신해서 전문적으로 정보를 수집하고 분석하는 기관이 등장하게 되었죠. 좁은 의미의 언론은 신문, 텔레비전, 인터넷 등과 같은 매체를 통해 어떤 사실을 알리고 여론을 형성하는 활동을 말해요. 언론은 공정성과 객관성을 갖추어야 하고 시민의 알 권리를 충족시켜주기 위해 일해요.

이익집단(利益集團)	利(이로울 이) 益(더할 익) 集(모일 집) 團(단체 단): 이해관계를 같이 하는 사람들이 자신들의 이익을 실현하기 위해 정부에 영향력을 행사하는 집단

이익집단이란 이해관계를 같이하는 사람들이 공동의 이익을 실현하기 위해 정부의 정책결정 과정에 영향력을 행사하는 집단을 의미해요. 그래서 압력 단체라고 부르기도 해요. 다양한 의견을 가진 사람들이 살아가는 현대 사회에서는 사람들의 의견과 욕구, 이해관계도 점점 복잡해지고 있어요. 이에 따라 서로 같은 생각과 이해관계를 지닌 사람들이 모여 단체를 만들기도 하는데, 이것이 바로 이익집단이랍니다. 이익집단은 자신들의 의견을 홍보하거나 이익을 관철시키기 위한 다양한 활동을 해요.

정당(政黨)	政(정사 정) 黨(무리 당): 정치적으로 비슷한 사상과 목표를 추구하는 사람들이 모여 정권을 잡기 위해 만든 단체

정치적으로 비슷한 사상이나 목표를 추구하는 사람들이 모여 정권을 잡고 정치적 이상을 실현하기 위해 만든 단체를 정당이라 해요. 우리나라에서는 중앙선거관리위원회에 등록함으로써 정당을 만들 수 있어요.

국가기관(國家機關)	國(나라 국) 家(집 가) 機(틀 기) 關(기관 관): 국정 운영을 위해 설치한 입법·사법·행정 기관을 일컫는 말

국가를 운영하기 위해 설치한 입법·사법·행정 기관을 통틀어 국가기관이라고 해요. 삼권분립주의가 지켜지는 나라에서는 국가기관이 입법기관, 사법기관, 행정기관으로 구분돼요. 국가기관의 설치와 조직, 기관의 권한과 업무는 국민의 자유와 권리와 밀접한 관련이 있을 뿐만 아니라, 국가 예산을 필요로 하기 때문에 반드시 법률에 의해 규정되어야 해요.

정치 과정(政治過程)	政(정사 정) 治(다스릴 치) 過(지날 과) 程(단위 정): 개인 또는 집단이 상호작용을 통해 정치적 의사를 표현하고 이것이 정책에 반영되는 전체 과정

정치 과정이란 개인이나 집단들이 상호작용을 통해 다양한 의견을 표출하고, 이것들이 여론을 형성하여 국가 정책 과정에 반영되는 전체 과정을 말해요. 즉, 국가를 이루고 있는 다양한 주체들이 국가 정책을 결정하고 집행하는 과정 속에서 상호작용하는 것을 의미한답니다.

선거(選擧)	選(가릴 선) 擧(선거할 거): 집단을 위해 일할 대표를 뽑는 과정

학기 초 학급임원을 뽑느라 분주했던 경험이 있을 거예요. 선거란 집단을 위해 일할 대표를 선발하는 과정을 말해요. 대의민주주의를 실시하고 있는 현대 사회에서는 국민을 위해 일할 정치인을 선거를 통해 정기적으로 선발하지요.

유권자(有權者)	有(있을 유) 權(권리 권) 者(사람 자): 선거권을 가진 사람

선거할 권리, 즉 선거권을 가진 사람을 유권자라고 해요. 우리나라에서는 19세 이상의 모든 국민이 유권자로서 선거할 권리를 갖는답니다.

대리선거(代理選擧)	代(대신할 대) 理(다스릴 리) 選(가릴 선) 擧(선거할 거): 다른 사람이 대신하여 선거하는 것

대리선거는 자신의 의사를 대신하여 다른 사람이 대신 투표를 하는 것을 말해요. 정치 선거에서는 직접선거의 원칙에 따라 대리선거는 부정선거 행위에 해당해요.

선거 공영제 (選擧公營制)	選(가릴 선) 擧(선거할 거) 公(공변될 공) 營(경영할 영) 制(법도 제): 선거의 공정성을 위해 국가가 선거를 관리하는 제도

사람들은 자신이 지지하는 대표자를 선거에서 당선시키기 위해 다양한 방식으로 선거운동을 해요. 하지만 선거운동이 과열되면 공정성이 훼손되는 등의 문제가 발생할 수 있죠. 이런 문제들을 막기 위해 국가가 선거를 관리하고 선거에 소요되는 비용을 부담하여 선거의 공정성을 확보하려는 제도가 바로 선거 공영제예요.

선거구 법정주의 (選擧區法定主義)	選(가릴 선) 擧(선거할 거) 區(지역 구) 法(법 법) 定(정할 정) 主(주될 주) 義(뜻 의): 선거구를 법률에 근거하여 정하려는 원칙

선거구는 선거를 시행하는 지역 단위를 말해요. 선거구가 정해지면 선거구 단위로 대표를 뽑게 되지요. 선거구를 어떻게 정할지의 문제는 매우 중요해요. 왜냐하면 선거구를 어떻게 정하느냐에 따라 선거의 결과가 달라질 수 있기 때문이에요. 선거구를 특정 정당이나 후보에 유리하도록 정하는 조작(게리맨더링, Gerrymandering)이 일어나지 않도록 하기 위해 대부분의 나라에서는 선거구를 법률에서 정한 원칙에 따라 나누어요. 이것을 선거구 법정주의라고 해요.

민주 선거(民主選擧)

民(백성 민) 主(주인 주) 選(가릴 선) 擧(선거할 거): 민주적인 방식으로 치르는 선거

민주적인 방식으로 치르는 선거를 말해요. 민주 선거를 위해서는 보통 선거, 평등 선거, 직접 선거, 비밀 선거의 원칙을 지켜야 한답니다.

보통 선거(普通選擧)

普(널릴 보) 通(통할 통) 選(가릴 선) 擧(선거할 거): 일정 나이 이상의 모든 국민이 선거권을 행사하는 것

일정한 나이 이상의 모든 국민이 선거권을 갖는 것을 말해요. 재산, 교육, 신앙 등에 의해 차별받지 않고 누구나 일정 이상의 나이가 되면 선거에 참여할 수 있어요. 제한 선거의 반대 개념이지요.

직접 선거(直接選擧)

直(곧을 직) 接(이을 접) 選(가릴 선) 擧(선거할 거): 본인이 직접 하는 투표

선거권을 남에게 맡기지 않고 본인이 직접 선거에 참여하는 것을 말해요. 간접 선거의 반대 개념이에요. 직접 선거는 고대 그리스 아테네에서 처음 실시되었고 이후 민주주의 정치의 기본적 특징으로 자리 잡았어요.

비밀 선거(祕密選擧)

祕(숨길 비) 密(숨길 밀) 選(가릴 선) 擧(선거할 거): 다른 사람이 모르게 자신의 뜻대로 하는 투표

남에게 공개하지 않고 자신의 뜻대로 투표하는 것을 말해요. 공개 선거에 대응하는 개념이에요. 비밀 선거는 투표자가 외부의 압력으로부터 자유롭게 자신의 의사를 투표에 반영할 수 있도록 하는 제도예요.

02 | 지방자치제도의 이해

지방자치제도는 주민의 복리를 증진하는 것을 목적으로 한다. 지방자치는 지역 특성에 맞게 업무를 처리할 수 있다는 장점이 있으며, 중앙 정부의 권력을 지방 정부가 나누어 행사한다는 점에서 권력 분립의 원리를 실현할 수 있다.

지방자치제도 (地方自治制度)	地(땅 지) 方(장소 방) 自(스스로 자) 治(다스릴 치) 制(법도 제) 度(법도 도): 지역 주민이 지방선거를 통해 선출한 지역의 대표들이 자율적으로 지역의 일을 해결하는 제도

복잡하고 다양한 현대 사회에서 모든 문제를 중앙 정부가 맡아 해결하는 것은 쉽지 않아요. 그래서 전국을 행정구역별로 나누어 그 지역의 문제를 그 지역 주민들이 자율적으로 해결하는 지방자치제도를 만들었어요. 이렇게 지역 주민들이 스스로 선출한 대표를 통해 그 지역의 일을 처리하는 제도를 지방자치제도라고 해요. 지역 주민은 지방선거를 통해 자치단체장과 지방 의원을 직접 선출하고 올바른 자치가 실시되도록 감시와 통제를 해요. 중앙 정부 역시 자치단체를 감독한답니다.

지방 정부(地方政府)	地(땅 지) 方(장소 방) 政(정사 정) 府(관청 부): 지방의 자치 정부

중앙 정부에 대해 지방의 자치 정부를 일컫는 말이에요. 지방자치제도를 통해 지역 주민이 직접 선출하여 구성한 지방자치단체를 지방 정부라고 한답니다.

주민발의(住民發議)	住(살 주) 民(백성 민) 發(필 발) 議(의논할 의): 주민이 직접 조례를 만들 수 있는 제도

지방자치제도의 도입으로 지역민이 직접 지역의 정치에 참여할 수 있는 기회가 많아졌어요. 지방자치제도가 성공적으로 실시되려면 개개인이 지역의 일에 관심을 갖고 적극적으로 참여하는 것도 중요하지만, 지역민이 참여할 수 있는 제도적 뒷받침도 필요하죠. 주민발의 제도란 그 지역에 필요한 조례(條例, 지방자치단체가 법령 범위 내에서 자치적으로 정하는 법령)를 주민이 직접 만들 수 있는 제도예요. 주민발의로 만들어진 조례안을 지방 의회에 제출해서 지방 의원 다수가 조례안에 찬성하면 주민이 만든 법이 영향력을 갖게 된답니다.

민원(民願)	民(백성 민) 願(원할 원): 주민이 행정 기관에 원하는 바를 신청하는 일

주민이 행정 기관에 원하는 바를 요구하여 신청하는 일을 민원이라 해요. 이때 신청을 하는 국민을 민원인, 신청 내용을 민원 사항, 행정 기관이 민원을 처리하기 위해 하는 일을 민원 사무라고 해요. 행정 기관이 민원 사무를 처리하고 그 결과를 민원인에게 제공하는 것을 민원 서비스라고 하고, 이 전체 과정을 민원 행정이라 해요.

공청회(公聽會)	公(공평할 공) 聽(들을 청) 會(모일 회): 정책 결정 전에 전문가나 이해 당사자들의 의견을 공개적으로 듣는 방식

의회나 행정기관이 정책을 결정하기 전에 해당 분야의 전문가나 이해 당사자들을 참석하게 해서 공개적으로 의견을 듣는 제도를 말해요. 국민이 의사결정 과정에 참여하는 대표적인 방식이에요. 국민에게 중대한 영향을 미치는 일에 대해서는 공청회를 반드시 거치도록 규정하고 있는 법률이 많아요. 공청회는 정책결정 과정에 국민 여론을 적극적으로 반영할 수 있는 제도랍니다.

감사청구제 (監査請求制)	監(살필 감) 査(조사할 사) 請(청할 청) 求(구할 구) 制(법도 제): 주민들이 지방자치단체의 감사를 청구할 수 있는 제도

지방자치단체가 불법적인 일이나 공익에 반대되는 일을 할 때, 주민들이 상급기관에 지방자치단체의 감사(監査, 조사하는 일)를 청구할 수 있는 제도를 말해요.

선거구(選擧區)	選(가릴 선) 擧(선거할 거) 區(구역 구): 대표를 독립적으로 선출할 수 있는 지역적 단위

선거구란 독립적으로 대표를 선출할 수 있는 지역적 단위예요. 선거구를 정하는 방식에 따라 소선거구제, 중선거구제, 대선거구제로 나누어요. 소선거구제는 하나의 선거구에서 한 명의 의원을 선출하는 제도예요. 대선거구제는 한 선거구에서 2명 이상을 선출하는 선거제도를 말해요. 중선거구제는 일정 지역에서 2명 이상 5명 이하를 선출하는 방식으로, 일종의 대선거구제라 할 수 있어요.

의결기관(議決機關)	議(의논할 의) 決(결단할 결) 機(틀 기) 關(기관 관): 행정에 관한 의사를 결정할 수 있는 합의제 기관

지방자치제도의 주체가 되는 지방자치단체는 크게 의결기관인 지방의회와 집행기관인 지방자치 단체장으로 구성되어 있어요. 의결기관은 행정에 관한 의사를 결정할 수 있는 합의제(合議制, 합의에 의해 의사를 결정하는 방식) 기관을 말해요.

집행기관(執行機關)	執(처리할 집) 行(행할 행) 機(틀 기) 關(기관 관): 법안이나 정책을 실제로 시행하는 기관

의회와 같은 의결기관이 만든 법안이나 정책을 실제로 시행하는 기관을 말해요. 넓은 뜻으로는 행정기관과 사법기관을 가리키기도 하지만, 일반적으로는 행정기관을 뜻해요. 지방자치단체도 포함이 된답니다. 가장 좁은 의미로는 행정기관이 명령한 것을 국민에게 강제하고 실현하는 경찰공무원, 세무공무원과 같은 기관을 가리키기도 해요.

조례(條例)	條(법규 조) 例(조목 례): 지방자치단체의 의회에서 만들어진 자치 법규

조례는 지방자치단체의 의회에서 만들어진 자치 법규를 말해요. 조례는 지방자치단체의 장이나 지방의회 의원에 의해 제안될 수 있고, 제안된 조례안은 재적의원 과반수 출석과 출석의원 과반수로 의결돼요.

규칙(規則)	規(법 규) 則(법칙 칙): 지방자치단체의 장이 법령과 조례의 범위 안에서 제정하는 법규범

일반적으로 다 같이 지켜야 할 법칙을 의미하지만, 행정용어로는 지방자치단체의 장이 법령과 조례의 범위 안에서 제정하는 법규범을 말해요.

감사(監査)	監(볼 감) 査(조사할 사): 일이 처리되는 과정의 진실성과 정당성을 조사하는 일

일이 처리되는 과정의 진실성과 정당성(正當性, 이치에 합당하고 옳은 것)을 조사하는 일을 감사라고 해요. 넓은 의미로는 경영감사나 업무감사까지도 포함하지만, 일반적으로는 회계감사를 뜻해요.

4 국제 사회와 국제 정치

교통과 통신이 발달하고 경제적으로 국가 간의 장벽이 허물어져 가면서 국가 간 교류는 더욱 증가하고 있다. 이에 따라 정부 사이의 교류와 협력을 넘어 민간 차원에서도 활발한 교류가 진행되고 있다. 여러 국가의 정부와 민간단체들은 환경, 자원 등 국경을 넘어 함께 해결책을 모색해야 할 필요가 있는 문제들에 대해서 국제조약을 맺거나 기구를 만들어 대응하고 있다. 그럼에도 불구하고 국제 사회에는 다양한 갈등이 존재하며 이것이 심화되어 심각한 국제 분쟁으로 발전하기도 한다. 평화와 번영이 공존하는 미래를 위해서는 국제 사회의 긴밀한 협력이 필요하며 분쟁 조정 및 해결을 위한 적극적인 태도가 요구된다.

국제 사회(國際社會) | **국제 조약**(國際條約) | **국제기구**(國際機構) | **국제 비정부기구**(國際非政府機構) | **국제 하천**(國際河川) | **국제 분쟁**(國際紛爭) | **동북 공정**(東北工程) | **영유권**(領有權) | **역사왜곡**(歷史歪曲)

국제 사회(國際社會)	國(나라 국) 際(사이 제) 社(모일 사) 會(모일 회): 국가들이 서로 교류하는 사회

주권을 가진 국가들이 서로 교류하면서 공동생활을 하는 사회를 국제 사회라 해요. 한 나라를 운영하기 위해서 다양한 규범과 정책들이 필요하듯이, 많은 국가들이 모여 상호작용하는 국제 사회 역시 규칙이나 제도가 필요해요. 환경오염을 막기 위해 국제 협약을 맺거나 전쟁 방지를 위한 다양한 규칙들을 정하기도 해요. 물론 국제 사회에는 국내 사회와 달리 통합적인 권력 기구가 있는 것은 아니에요. 때문에 국제 사회에서는 협력, 갈등, 경쟁 등이 일어날 수 있어요.

국제 조약(國際條約)	國(나라 국) 際(사이 제) 條(법규 조) 約(맺을 약): 국가 간 맺는 약속

국가와 국가 사이에서 맺는 법적 구속력을 갖는 문서에 의한 약속을 말해요. 이러한 합의에는 규약, 헌장, 협정 등 다양한 명칭들이 사용되어 왔어요.

국제기구(國際機構)	國(나라 국) 際(사이 제) 機(틀 기) 構(얽을 구): 국가 간 분쟁을 조정하고 국제적 문제를 해결하기 위해 만들어진 기구

국가 간 자원, 민족, 문화, 종교, 영토 등을 둘러싼 분쟁을 조정하고, 기후변화나 자연재해에 대해 공동으로 대처하기 위해 만들어진 기구를 국제기구라고 해요. 각 국가의 정부는 자신들의 입장을 대변할 수밖에 없기 때문에 여러 국가가 얽혀 있는 갈등을 조정할 기구가 필요해요. 여러 국가가 모여서 지원하는 국제기구도 있고, 민간단체가 만든 국제기구도 있어요.

국제 비정부기구 (國際非政府機構)	國(나라 국) 際(사이 제) 非(아닐 비) 政(정사 정) 府(관청 부) 機(틀 기) 構(얽을 구): 개인이나 민간단체가 연합하여 만든 국제기관

개인이나 민간단체가 연합하여 만든 국제적인 기관이에요. 영문 약자로 INGO(International Non-Governmental Organization)라고 해요. 여러 나라가 국경을 넘어 환경, 인권, 빈곤 등의 문제 해결을 위해 함께 노력하지요.

국제 하천(國際河川)	國(나라 국) 際(사이 제) 河(강 하) 川(내 천): 여러 나라의 영토를 거쳐 흐르는 하천

여러 나라의 국경을 이루거나 여러 나라의 영토를 거쳐 흐르는 하천을 말해요. 전 세계적으로 300여 개가 넘는 강들이 두 국가 이상에 걸쳐 흐르고 있답니다. 때로는 국제 하천이 국가 간 분쟁의 원인이 되기도 하는데, 이를 피하기 위해 조약을 맺어 선박의 자유로운 이동을 허용하거나 환경오염 등이 발생했을 때 여러 국가가 공동으로 대처하기도 해요.

국제 분쟁(國際紛爭)	國(나라 국) 際(사이 제) 紛(어지러울 분) 爭(다툴 쟁): 국가 간에 발생하는 갈등

국가 사이에서 정치 · 경제 · 문화적 차이 및 이해관계 충돌로 빚어지는 다툼을 말해요. 국가 간 교류가 활발해지면서 서로에 대한 이해도 증진되었지만 더불어 갈등의 소지도 많아진 것이 사실이에요. 국제 분쟁이 일어나면 분쟁 당사국 간에 해결을 위한 다양한 노력이 진행되고 때로는 중립적 입장을 지닌 국제기구가 중재에 나서기도 해요.

동북 공정(東北工程)	東(동쪽 동) 北(북쪽 북) 工(장인 공) 程(단위 정): 중국 영토 내의 모든 역사를 중국의 역사로 만들고자 하는 학문적 작업

동북 공정은 '동북변강역사여현상계열연구공정(東北邊疆歷史與現狀系列研究工程)'의 줄임말이에요. 무척 긴 말이지만 '동북 변경 지역의 역사와 현상에 관한 체계적인 연구 프로젝트' 정도로 풀이할 수 있어요. 광대한 영토 안에서 다양한 민족들이 함께 살아가고 있는 중국은 민족 간 갈등을 해결하고 단결된 중국을 만들기 위해 중국 국경 안에서 전개된 모든 역사, 특히 동북 지역의 역사를 중국의 역사로 통합하여 정리하는 작업을 2002년부터 해오고 있어요. 중국 동북 지역은 고구려 · 발해 등 과거 한반도의 역사 무대이지만 현재 중국 영토에 속해 있지요. 중국은 이 지역의 옛 역사를 중국의 역사로 만들어 한반도가 통일되었을 때 일어날 수 있는 영토 분쟁을 미리 방지하고, 중국의 역사 · 문화적 자긍심을 높이려는 목적을 달성하려 해요. 이 과정에서 한반도의 고대사가 상당 부분 중국에 의해 왜곡되고 사라지는 결과를 낳았어요.

영유권(領有權)	領(거느릴 영) 有(있을 유) 權(권리 권): 일정 지역에 대한 국가의 관할권

영유권이란 일정한 지역에 대한 해당 국가의 관할권이나 토지에 대한 권리를 말해요. 전 세계적으로 국가 간 영토를 둘러싼 영유권 다툼이 많이 발생하고 있어요. 일본은 독도를 영토 분쟁 지역으로 부각시켜 원래부터 우리 땅이었던 독도에 대한 영유권을 주장하고 싶어 해요. 우리 정부와 국민은 단호하고 현명하게 이런 도발에 대처해야 해요.

독도

역사왜곡(歷史歪曲)	歷(지날 역) 史(역사 사) 歪(바르지 아니할 왜) 曲(굽을 곡): 역사적 사실을 자국의 이익에 맞도록 변형시키는 일

역사왜곡이란 역사적 사실을 자기 나라나 특정 집단의 이익에 맞추어 변형시키는 일을 말해요. 사료(史料, 역사 연구의 소재가 되는 문헌이나 소재) 내용을 바꾸거나 없애는 등의 방법들을 사용해요. 중국의 동북공정, 일본의 독도 관련 역사왜곡 등이 대표적인 사례예요.

start!

V

법

人(사람 인) 權(권리 권):

인간이 본래 가지고 있는 권리

인권(人權)

1 일상생활과 법

우리의 일상은 법과 떨어져서는 생각하기 어렵다. 다양한 욕구와 이해관계를 지닌 사람들이 모여 만든 사회에서 만약 법이 존재하지 않는다면 사회적 혼란과 갈등을 피하기 어려울 것이다. 우리는 법을 통해 자신의 권리와 이익을 지킬 수 있고 법률관계 속에서 발생하는 분쟁을 해결할 수 있다. 현대 사회는 민주주의 사회의 기본 원칙인 법치주의를 바탕으로 사회 정의를 이루기 위한 노력을 기울이고 있다.

01 법의 의미와 종류

법(法) | 법률관계(法律關係) | 사법(私法) | 공법(公法) | 법(法)의 종류(種類) | 실체법(實體法)과 절차법(節次法) | 일반법(一般法)과 특별법(特別法) | 국내법(國內法)과 국제법(國際法) | 성문법(成文法)과 불문법(不文法) | 사법(私法)과 공법(公法) | 사회법(社會法) | 조리(條理)

02 법의 역할

법(法)의 역할(役割) | 교리(敎理) | 권리(權利) | 종중(宗中) | 최저임금(最低賃金) | 최저임금제(最低賃金制) | 산업재해보상보험법(産業災害補償保險法) | 근로기준법(勤勞基準法) | 학교 폭력(學校暴力)

03 재판의 이해

법치주의(法治主義) | 재판(裁判) | 민사재판(民事裁判) | 원고(原告) · 피고(被告) · 피고인(被告人) | 형사재판(刑事裁判) | 공소(公訴) | 심급 제도(審級制度) | 상소(上訴) | 항소(抗訴) | 상고(上告)

01 | 법의 의미와 종류

법은 우리 생활에 필요한 규칙을 제공하여 사회 질서를 유지하는 데 도움을 주며, 사람들의 권리를 보장하고 의무를 제시해 준다. 따라서 법을 이해하고 법의 중요성을 파악하는 것은 민주 시민으로서의 기본적인 자세라고 할 수 있다.

법(法)	法(법 법): 사람들의 사고와 행동을 제약하는 규범 중, 강제성을 지닌 것

많은 사람들이 모여 사는 사회에서 규칙이 존재하지 않는다면 어떤 일이 벌어질까요? 사람은 모두 기본적인 욕구를 지니기 때문에 그것을 충족하는 과정에서 큰 혼란과 갈등이 발생할 수 있어요. 따라서 사회에는 질서를 유지하고 구성원 상호 간의 관계를 규정하기 위한 규범들이 존재해야 해요. 이처럼 사람들의 사고와 행동을 제약하는 규범들 중에는 관습, 종교, 도덕, 법 등이 있어요. 그중 법은 모든 사회 구성원들이 따라야 하는 강제성을 지닌 행동 규범으로, 지키지 않으면 제재를 받게 되는 규범이에요.

법률관계(法律關係)	法(법 법) 律(법 률) 關(관계할 관) 係(이을 계): 법률에 의해 규정되는 관계

물건을 사고팔거나, 돈을 빌리거나 빌려줄 때, 우리는 자연스럽게 법에 의해 규율되는 관계를 형성하게 돼요. 물건을 판 사람은 산 사람에게 물건 값을 청구할 권리를 갖게 되고, 물건을 산 사람은 물건의 소유권을 갖게 되는 것이죠. 이처럼 사회생활을 해 나가는 과정에서 형성되는 법률적으로 규정되는 관계를 법률관계라고 해요.

사법(私法)	私(개인 사) 法(법 법): 개인과 개인 간의 문제를 다루는 법

우리는 일상 속에서 사람들과 다양한 법률적 관계를 맺어요. 이 과정에서 분쟁이 발생하기도 하는데, 사법은 개인과 개인 간에 발생한 분쟁을 다루는 법이에요. 예를 들어 물건을 사고팔 때, 상속이나 집을 사거나 빌리는 과정에서 발생하는 문제들을 다뤄요. 민법이나 상법이 사법에 속해요.

공법(公法)	公(공적 공) 法(법 법): 개인과 국가, 국가기관 간의 문제를 다루는 법

살아가다 보면 국가나 국가기관과 관련된 문제를 경험할 수도 있어요. 세금을 내거나 군대에 가는 일, 범죄를 저질러 재판을 받는 일 등 반드시 국가가 정해놓은 법을 통해 처리해야 하는 일들이 있지요. 이처럼 개인과 국가 또는 국가기관 간의 문제를 다루는 법을 공법이라고 해요. 헌법, 형법, 행정법 등이 공법에 속해요.

법(法)의 종류(種類)	法(법 법) 種(종류 종) 類(무리 류)

법은 기준에 따라 여러 가지 종류로 구분돼요. 첫째, 법이 규정하는 내용에 따라 실체법과 절차법으로 나뉘어요. 둘째, 법의 효력 범위에 따라 일반법과 특별법으로 구분할 수 있어요. 셋째, 법의 제정 주체와 법의 효력 범위에 따라 국내법과 국제법으로 나눌 수 있어요. 넷째, 법이 존재하는 형태에 따라 성문법과 불문법으로 나뉘어요. 다섯째, 법이 적용되는 생활 관계의 종류에 따라 사법, 공법, 사회법으로 구분돼요.

규정하는 내용에 따라 – 실체법/절차법
효력 범위에 따라 – 일반법/특별법
제정 주체와 효력 범위에 따라 – 국내법/국제법
존재하는 형태에 따라 – 성문법/불문법
적용되는 생활 관계의 종류에 따라 – 사법/공법/사회법

실체법(實體法)과 절차법(節次法)	實(열매 실) 體(몸 체) 節(항목 절) 次(차례 차) 法(법 법): 법이 규정하는 내용에 따라 구분되는 법

법은 법의 내용에 따라 실체법과 절차법으로 나뉘어요. 실체법은 권리와 의무의 실체적 내용을 담고 있는 법인 반면, 절차법은 권리와 의무를 실현하는 수단과 방법, 절차에 관해 규정하고 있는 법이에요. 실체법에는 민법, 상법, 형법 등이 있고 절차법에는 민사소송법, 형사소송법, 행정소송법 등이 있어요.

일반법(一般法)과 특별법(特別法)	一(한 일) 般(일반 반) 特(특별할 특) 別(나눌 별) 法 (법 법): 효력 범위에 따라 구분되는 법

법은 효력 범위에 따라 일반법과 특별법으로 구분할 수 있어요. 일반법은 모든 국민에게 적용되는 법이고, 특별법은 특별한 사람이나 사항에 적용하는 법이에요. 민사에 관한 일반법이 민법이고 형사에 대한 일반법이 형법이지요. 특별법으로는 민사에 관한 상법, 주택임대차보호법, 형사에 관한 군형법, 폭력행위 등 처벌에 관한 법률 등이 있어요.

국내법(國內法)과 국제법(國際法)	國(나라 국) 内(안 내) 際(사이 제) 法(법 법): 제정 주체 와 효력 범위에 따라 구분되는 법

법은 법의 제정 주체와 법의 효력 범위에 따라 국내법과 국제법으로 나눌 수 있어요. 국내법은 한 국가의 의회에서 만들어져 한 나라 안에서만 효력을 가져요. 반면 국제법은 국가 간이나 국제기구 등 국제사회에 적용돼요. 우리나라 헌법은 헌법에 의해 체결, 공포된 조약과 일반적으로 승인된 국제법규는 국내법과 동일한 효력을 갖는다고 규정하고 있어요.

성문법(成文法)과 불문법(不文法)	成(이룰 성) 文(문서 문) 不(아닐 불) 文(문서 문) 法 (법 법): 법이 존재하는 형태에 따라 구분되는 법

법은 법이 존재하는 형태에 따라 성문법과 불문법으로 나뉘어요. 성문법이란 입법기관에서 일정한 절차를 거쳐 제정되는 문서화된 법이에요. 불문법은 관습처럼 전해 내려오는 법으로 관습법과 판례법 등이 대표적 불문법이에요. 점차 사회가 복잡해지면서 오늘날에는 성문법을 중심으로 하는 '성문법주의'가 지배적이랍니다.

사법(私法)과 공법(公法)	私(개인 사) 公(공적 공) 法(법 법): 법이 적용되는 생활 관계의 종류에 따라 구분되는 법

법이 적용되는 생활 관계의 종류에 따라 사법, 공법, 사회법으로 구분돼요. 사법은 개인과 개인 간의 문제를 다루는 법이고, 공법은 개인과 국가, 또는 국가기관 간의 문제를 다뤄요. 사회법은 공익을 지키기 위해 개인 간의 문제에 국가가 개입하는 법을 말해요.

사회법(社會法)	社(모일 사) 會(모일 회) 法(법 법): 사회 공공의 이익을 실현하기 위한 법

사회 공공의 이익을 실현하기 위한 법으로 공법과 사법의 성격이 혼합된 법이에요. 사회법은 자본주의 발달 과정에서 심화된 빈부 격차 및 환경오염 등의 문제로부터 개인을 보호하기 위해 만들어졌어요. 노동자의 보호를 위한 노동법, 인간다운 생활 보장을 위한 사회보장법, 그리고 공정한 경제 질서를 유지하기 위한 경제법이 이에 해당돼요.

조리(條理)	條(조리 조) 理(도리 리): 일반적인 사회 통념

사람들이 인정하는 사회적 통념이나 도리를 말해요. 우리나라 민법 제1조에는 민사에 관하여 법률 규정이 없으면 관습법에 의하고, 관습법이 없으면 조리에 의한다고 나와 있어요. 즉 민사상 분쟁이 있을 때, 성문법이나 관습법 둘 다 없는 경우, 조리가 재판의 근거가 돼요.

02 | 법의 역할

법은 사람들이 누려야 하는 정당한 권리를 보호하고 분쟁을 해결할 수 있는 기준을 마련해 주는 등 우리의 삶을 편리하게 해주는 역할을 한다. 하지만 법과 법의 역할을 충분히 이해하지 못하면 피해를 당할 수도 있다. "권리 위에 잠자는 자는 보호받지 못한다."라는 말은 법에 대한 충분한 이해와 자신의 권리를 요구할 수 있는 적극적인 자세의 중요성을 표현하고 있다.

법(法)의 역할(役割)	法(법 법) 役(일할 역) 割(나눌 할): 법의 기능과 구실

인간은 누구나 자신의 생명과 재산에 대한 권리를 가지고 있어요. 그런데 누군가에 의해 이러한 권리가 부당하게 침해받는다면 어떻게 될까요? 권력을 가진 사람들이 그렇지 않은 사람들의 권리를 빼앗는다면 그 사회는 결코 정의롭다고 할 수 없을 거예요. 법은 바로 이러한 일이 발생하지 않도록 개인의 권리 내용을 명확히 해주고 이를 침해하는 행위를 제재하여 사람들의 권리를 지켜주는 역할을 해요. 또한 법은 사람들 사이에 분쟁이 생겼을 때 분쟁 해결의 기준과 절차를 제시하여 분쟁이 원만하게 해결될 수 있도록 하는 역할을 해요. 분쟁은 법에 제시된 기준들에 근거하여 합의나 재판을 통해 해결될 수 있어요.

교리(教理)	教(가르칠 교) 理(이치 리): 종교가 제시하는 교훈과 가치 및 행동 규범

특정 종교가 추구하고 가르치는 교훈과 가치, 그리고 신자들에게 제시한 행동 규범을 일컬어 교리라고 해요. 교리는 법, 도덕 등과 더불어 사람들의 사고와 행동을 제약하는 규범으로서의 역할을 하기도 해요.

권리(權利)	權(권리 권) 利(이로울 리): 일정한 이익을 주장하고 누릴 수 있는 법률상의 힘

권리란 일정한 이익을 주장하고 누릴 수 있는 법률상의 힘을 말해요. 권리는 법에서 개인의 가치와 존엄성을 보호하기 위한 가장 핵심적 개념이라고 할 수 있어요. 반대로 본인의 의사와는 관계없이 반드시 따라야 할 법적 구속을 의무라고 해요.

종중(宗中)	宗(제사 종) 中(가운데 중): 공동 선조의 묘를 지키고 제사를 지내기 위해 만들어진 관습상의 단체

종중이란 같은 성(姓)과 본(本)을 사용하는 후손들이 선조의 묘를 지키고 제사를 지내며 친목을 도모하기 위해 만들어진 관습상의 단체를 말해요. 비슷한 개념으로 문중(門中)이 있는데 엄밀히 말해 문중은 소종중(小宗中)이라고 할 수 있어요.

최저임금(最低賃金)	最(가장 최) 低(낮을 저) 賃(품팔이 임) 金(돈 금): 국가가 정한 임금액의 최저한도

근로자의 생활 안정을 위해 법이 보장한 임금의 최저 수준을 말해요. 우리나라에서는 최저임금위원회에서 매년 7월에 최저임금을 결정하고, 최저임금 이상을 지급하지 않은 사업주에 대해서는 법적인 책임을 묻도록 되어 있어요.

최저임금제 (最低賃金制)	最(가장 최) 低(낮을 저) 賃(품팔이 임) 金(돈 금) 制(법도 제): 사용주가 최저임금 이상의 임금을 근로자에게 지급하도록 강제하는 제도

자본주의가 발달하면서 발생한 문제 중에는 근로자의 낮은 임금 문제가 있어요. 고용주가 이익을 극대화하기 위해 임금 수준을 낮추려 하기 때문이에요. 이런 경우 근로자가 인간다운 생활을 유지하는 데 필요한 최소한의 임금마저 받을 수 없게 되는 일도 발생할 수 있어요. 이러한 문제를 막기 위해 '근로기준법'에서는 사용주가 최저임금 이상의 임금을 근로자에게 지급하도록 강제하고 있어요. 이를 최저임금제라고 해요.

산업재해 보상보험법 (産業災害補償保險法)	産(낳을 산) 業(업 업) 災(재앙 재) 害(해할 해) 補(도울 보) 傷(갚을 상) 保(지킬 보) 險(험할 험) 法(법 법): 산업재해로부터 근로자를 보호하기 위한 내용을 정한 법률

근로자가 일하는 중에 질병이나 부상, 사망 등의 재해를 입었을 때 이로부터 본인과 가족을 보호하기 위해서 국가가 실시하고 있는 사회보험 제도 중 하나예요. 산업재해를 당한 근로자에게 보험 급여를 실시하여 경제적 부담을 덜 수 있게 도와주는 것이죠. 일반적으로 '산재보험'이라고 줄여서 불러요. 근로자를 둔 모든 사업장은 산재보험에 가입해야 해요. 이처럼 산업재해를 당한 근로자에게 보험 급여를 주기 위해 필요한 사항을 정한 법률이 바로 산업재해보상보험법이에요.

근로기준법 (勤勞基準法)	勤(부지런할 근) 勞(일할 로) 基(기초 기) 準(준할 준) 法(법 법): 근로자의 인간다운 생활을 보장하기 위해 마련된 법

근로자의 인간다운 생활을 보장하기 위해 근로조건의 기준을 마련한 법이에요. 근로자의 임금이나 근로 환경은 주로 사용자에 의해 결정될 수밖에 없고 근로자는 상대적으로 약자의 위치에 놓이게 돼요. 근로기준법은 사용자가 자신의 지위를 남용하여 근로조건을 일방적으로 결정할 수 없도록 규정하고 있어요. 근로기준법에 따라 근로자도 근로관계의 성립·존속·종료 상에서 일정한 권리를 갖게 된답니다.

학교 폭력(學校暴力)	學(배울 학) 校(학교 교) 暴(사나울 폭) 力(힘 력): 학교 안팎에서 학생들을 대상으로 일어나는 폭력

언론에서 학교 폭력에 관한 기사를 접해본 적이 있을 거예요. 성장 과정에서 겪는 아이들 간의 갈등이나 다툼의 차원으로 보기 힘든, 도를 넘는 행위들이 일어나고 있어요. 교육부는 학교 폭력을 '학교 안팎에서 학생들을 대상으로 일어나는 상해, 폭행, 감금, 협박, 약취(略取, 빼앗아 가짐), 유인(誘引, 꾀어 냄), 명예훼손, 모욕, 강요, 강제적인 심부름, 성폭력, 따돌림, 사이버 따돌림, 정보통신망을 이용한 음란·폭력 정보 등에 의하여 신체·정신 또는 재산상의 피해를 수반하는 행위'로 정의하고 있어요.

03 | 재판의 이해

살아가다보면 다른 사람들과 분쟁을 겪게 되는 일이 생길 수도 있다. 분쟁은 사회 발전의 계기가 되기도 하지만 사회통합을 저해하는 원인이 되기도 한다. 모든 분쟁은 당사자 간의 원만한 합의에 의해 해결되는 것이 가장 바람직하지만, 그렇지 못할 경우에는 재판과 같은 국가가 마련한 공식적 절차를 통해 해결할 수 있다. 현대 민주 사회에서 사법부는 독립성이 보장되며 재판은 법치주의에 의해 공정하게 진행된다.

법치주의(法治主義)	法(법 법) 治(다스릴 치) 主(주될 주) 義(뜻 의): 법에 의한 통치와 권력 행사를 주장하는 사상

법에 의한 통치를 주장하는 사상이에요. 국가가 국민의 자유와 권리를 제한하거나 국민에게 의무를 부여할 때는 반드시 국민의 의사를 대표하는 의회가 정한 법률에 의해 이뤄져야 한다는 점을 강조해요. 전근대 사회에서는 지배자나 지배 계층에 의해 모든 일이 결정되었지만, 근대화를 통해 법률에 의한 통치가 가능해졌어요. 오늘날 민주 사회에서는 법치주의를 기본으로 삼고 있답니다.

재판(裁判)	裁(결정할 재) 判(판결할 판): 법에 근거해 사법기관인 법원이 분쟁을 해결하는 과정

민주주의 사회는 법치주의를 기본으로 해요. 따라서 분쟁이 발생하면 개인이나 소수의 의견이 아니라 법에 의해 해결을 하지요. 법을 근거로 사법기관인 법원이 일정한 절차를 거쳐 판단하는 과정을 재판이라고 해요. 소송의 목적에 따라 민사재판, 형사재판, 행정재판이 있어요.

민사재판(民事裁判)	民(백성 민) 事(일 사) 裁(결정할 재) 判(판결할 판): 개인과 개인 간의 분쟁을 해결하는 재판

개인과 개인 사이의 분쟁을 해결하는 재판을 말해요. 소송을 제기한 당사자가 지방 법원에 직접 소장을 제출하면 소송 당사자들이 법정에서 자신들의 주장을 펼 수 있어요. 판사는 소송 당사자들의 주장과 증거 등을 토대로 판결을 내려요.

원고(原告) 피고(被告) 피고인(被告人)	原(근원 원) 告(알릴 고): 소송을 제기한 사람 被(입을 피) 告(알릴 고): 소송을 당한 사람 被(입을 피) 告(알릴 고) 人(사람 인): 검사에 의해 공소가 제기된 사람

법원에 소송을 제기한 사람을 원고라고 해요. 민사소송에서 원고는 단순히 소송을 제기하는 사람을 의미한답니다. 형사소송법에서 원고는 검사이며 상대방은 피고가 된답니다. 행정소송법에서 원고는 국가의 행정 처분으로 자신의 권리가 침해되었다고 주장하는 개인이나 법인을 의미해요. 반면 소송사건에서 원고가 낸 소(訴)를 받는 사람, 즉 재판을 당하는 사람을 피고라고 해요. 단순히 소송을 제기당한 사람을 의미하는 말이에요. 형사소송법에서는 피고는 피고인이며, 행정소송법상으로는 처분을 행한 행정청을 의미해요.

형사소송에서 검사에 의해 공소가 제기된 사람은 피고인이며, 공소가 되기 전 죄를 지었을 것으로 의심을 받아 수사기관의 수사 대상이 되어 있는 사람은 피의자(被疑者)라고 불러요.

형사재판(刑事裁判)	形(형벌 형) 事(일 사) 裁(결정할 재) 判(판결할 판): 형법과 관련된 재판으로 범죄 행위에 대해 국가가 소송을 제기하는 재판

형사재판은 형법과 관련된 재판으로, 형법을 위반한 행위, 즉 범죄 행위에 대해 국가가 소송을 제기하여 형벌을 받도록 하는 재판을 말해요. 현대 사회에서는 한 사람이 아무리 심각한 범죄를 저질렀다 하더라도 피해자가 직접 벌을 주거나 복수할 수는 없어요. 반드시 국가가 범죄를 저지른 사람에게 형벌을 부과할 수 있어요. 즉 형사소송의 제기(기소)는 피해자가 아니라 국가를 대표하는 검사만이 할 수 있답니다. 이를 기소독점주의라고 해요.

공소(公訴)	公(공적 공) 訴(호소할 소): 검사가 형사사건에 대해 재판을 청구하는 것

검사가 형사사건에 대해 법원에 재판을 청구하는 것을 말해요. 또한 공소를 제기하는 것을 기소(起訴)라고 하지요. 검사가 공소를 하면 범죄수사는 종결되고 그 사건은 공판절차로 넘어가게 돼요. 현행법상 공소는 검사만이 제기할 수 있어요.

심급 제도(審級制度)	審(살필 심) 級(등급 급) 制(법도 제) 度(법도 도): 공정한 판단을 위해 여러 번 재판을 받을 수 있도록 하는 제도

공정하고 정확한 재판을 위해 하나의 소송 사건에 대해 서로 다른 계급의 법원에서 반복해 심판하는 제도를 말해요. 한 사건을 한 번 재판한다면 결과를 받아들이지 못하거나 공정한 재판이 이뤄지지 않을 가능성이 있기 때문이에요. 그래서 두 번 또는 세 번까지 다른 법원(지방법원→고등법원→대법원)에서 재판을 받을 수 있는 제도를 만들었어요. 이를 심급 제도라고 해요. 우리나라는 최대 세 번까지 재판을 받을 수 있도록 하는 '3심제'를 채택하고 있어요.

상소(上訴)	上(윗 상) 訴(호소할 소): 상급법원에 판결 취소나 변경을 요구하는 신청

법원은 법에 근거하여 합리적인 판단을 내리지만, 항상 그 결과가 정당하다고 볼 수는 없어요. 때로 사람들은 법원의 판결을 받아들이지 못하고 상급법원에 다시 재판의 기회를 요구하기도 해요. 이처럼 재판이 확정되기 전에 상급법원에 판결 취소나 변경을 요구하는 신청을 상소라 해요.

항소(抗訴)	抗(대항할 항) 訴(호소할 소): 1심 판결에 불복하여 2심 재판을 신청하는 행위

지방법원의 단독판사나 지방법원 합의부가 내린 1심 판결에 대해 불복하여 지방법원본원 합의부나 고등법원과 같은 2심 법원에 재판을 신청하는 행위를 말해요.

상고(上告)	上(윗 상) 告(알릴 고): 항소심(2심)의 결과에 불복하여 대법원(3심)에 재판을 신청하는 것

일반적으로 고등법원, 즉 제2심이 판결한 결과에 대해 불복하여 대법원에 다시 재판을 신청하는 행위를 상고라고 해요. 상고도 일종의 상소에 해당하기 때문에 당사자를 구제하기도 하지만, 상고심의 주된 목적은 하급법원의 법령해석과 적용이 통일되도록 하고 하급법원의 재판상의 부정의(不正義)를 고치는 데 있어요.

2 인권 보장과 헌법

인간이라면 누구나 인권을 보장받을 권리를 가진다. 근대화 과정에서 사회는 인간의 존엄성을 보장하고 인권을 보호하는 방향으로 변화해왔지만, 현대에 들어서도 여러 분야에서 인권 침해가 여전히 일어나고 있는 것이 사실이다. 국민은 헌법을 근거로 인권 보호를 요구할 수 있으며, 헌법에 근거하여 인권을 보호하는 각종 법률과 제도가 만들어지게 된다. 인권 침해를 막기 위해서는 인권 개념을 확립하고 사회적 약자에 대한 관심과 배려가 있어야 할 것이다.

01 인권의 이해

인권(人權) | 인권 침해(人權侵害) | 호주제(戶主制) | 여필종부(女必從夫) | 홍익인간(弘益人間) | 동학(東學)농민운동(農民運動) | 사회보장제도(社會保障制度) | 국제 사면 위원회(國際赦免委員會)

02 인권 보장과 헌법

헌법(憲法) | 기본권(基本權) | 자유권(自由權) | 平等權(평등권) | 사회권(社會權) | 참정권(參政權) | 청구권(請求權)

03 인권 침해와 구제

일조권(日照權) | 프라이버시권(right of privacy) | 인종차별(人種差別) | 성차별(性差別) | 협상(協商) · 조정(調停) · 중재(仲裁)

01 | 인권의 이해

인종, 계층, 종교, 외모 등과 관계없이 모든 인간은 인간으로서 존중받을 권리, 즉 인권을 지닌다. 인권 보장은 인류가 추구해온 가장 위대한 과업이라고 할 수 있다. 전근대 사회에서는 인권이라는 개념조차 생소했을 뿐만 아니라 일상적으로 인권이 침해되는 경우가 많았다. 그러나 점차 이러한 사회구조의 모순을 인식하고 끊임없이 노력한 결과, 인권을 보장하고 존중하는 민주적 사회로 발전하게 되었다.

인권(人權)	人(사람 인) 權(권리 권): 인간이 본래 가지고 있는 권리

인간이 본래 가지고 있는 권리를 인권이라 해요. 인권은 모든 인간이 태어나면서부터 가지는 기본적 권리로, 그 누구로부터도 침해받을 수 없을 뿐만 아니라 양도(讓渡, 남에게 넘겨줌)할 수 없는 권리랍니다. '천부인권'이라고도 해요. 기본적으로 생명을 유지할 권리나 자유를 누릴 권리에서부터 인종, 민족, 성(性), 계층, 종교 등에 따라 차별받지 않을 권리, 사생활을 존중받을 권리, 햇볕을 받을 권리 등 인권의 내용이 점차 확대되어가는 추세예요. 인권의 개념과 의식은 17~18세기 '자연권(自然權)' 사상과 18세기 시민혁명을 통해 발달하게 되었어요. 하지만 인권에 대한 인식이 확산된 결정적 계기는 1948년 UN에서 '세계인권선언'을 채택하면서부터라고 할 수 있어요.

인권 침해(人權侵害)	人(사람 인) 權(권리 권) 侵(침노할 침) 害(해할 해): 인권을 침해하는 현상

앞에서 인권은 그 누구도 침해할 수 없는 기본적 권리라고 설명했어요. 그런데 실제로 오랫동안 많은 사회에서 인권이 제대로 보호받지 못했던 게 사실이에요. 전근대 사회에서는 신분에 따라 인권을 제대로 보장받지 못했던 사람들(노예, 농노 등)이 있었고, 민주화가 진행된 뒤에도 인종, 종교, 성별, 민족, 부(富)의 소유 정도 등에 따라 여전히 많은 사람들이 사회적 차별을 받고 있답니다. 이렇듯 인권을 보호받지 못하는 일을 인권 침해라고 해요.

호주제(戶主制)	戶(집 호) 主(주인 주) 制(제도 제): 호주를 중심으로 가족 구성원의 신분 변동을 기록하는 제도

호주제는 한 집안의 대표인 호주를 중심으로 가족구성원들의 출생, 혼인, 사망 등의 신분 변동을 기록하는 제도를 말해요. 일제 강점기부터 우리나라는 부계 혈통을 바탕으로 호주를 기준으로 '가(家)' 단위로 '호적(戶籍)'이라는 장부를 기록하여 각종 행정업무의 기본 자료로 삼았어요. 호주제는 가부장적 질서를 반영하여 여성을 차별한다는 비판과 1인 1적제를 선택하는 세계적 흐름에 부합하지 못한다는 비판을 받아 2008년 1월 민법 개정으로 폐지되었어요.

여필종부(女必從夫)	女(여자 여) 必(반드시 필) 從(좇을 종) 夫(지아비 부): 여자는 반드시 지아비의 뜻을 따라야 한다는 조선시대 사상

삼종지도(三從之道), 칠거지악(七去之惡)과 더불어 조선시대 여성을 규제하던 대표적인 유교 사상이에요. '여필종부'는 말 그대로 '여자는 반드시 지아비, 즉 남편의 뜻을 따라야 한다'는 뜻이랍니다. '삼종지도'는 '여자가 따라야 할 세 가지 법도'로 집에서는 아버지의 뜻을 따르고, 결혼을 하면 남편의 뜻을 따르며, 남편이 죽으면 아들의 뜻을 따라야 한다는 내용으로 구성되어 있어요. '칠거지악'은 아내를 내쫓을 수 있는 일곱 가지 이유가 되는 행동이랍니다. 아내가 시부모를 잘 섬기지 못하거나, 아들을 낳지 못하거나, 말을 많이 하는 등의 행동을 하면 내쫓길 수 있었어요. 이러한 규약들은 오랫동안 조선시대 여성들을 억압했던 강력한 힘이었어요. 즉 조선시대 여성들은 여성이라는 이유만으로 인권을 보장받지 못했던 거지요.

홍익인간(弘益人間)	弘(넓을 홍) 益(이로울 익) 人(사람 인) 間(사이 간): 널리 인간을 이롭게 한다는 뜻을 지닌 고조선 건국이념

≪삼국유사≫에 기록된 고조선 건국 신화에 나오는 말로, '널리 인간을 이롭게 한다.'는 뜻을 지녀요. 홍익인간 사상은 인본주의적 가치관을 반영한 것으로 우리 민족의 사상적 근간이 되어 왔어요.

동학(東學) 농민운동(農民運動)	東(동쪽 동) 學(배울 학) 農(농사 농) 民(백성 민) 運(옮길 운) 動(움직일 동) : 동학계 농민들이 일으킨 농민혁명운동

1894년 고종 31년에 전라도 고부군에서 시작된 동학계 농민들이 일으킨 농민혁명운동이에요. 고부군수 조병갑의 횡포와 착취에 항거하고자 시작하여 반외세, 반근대적 성격을 지닌 운동으로 확산 · 발전되었어요. 하지만 일본군과 조선 관군에 의해 진압되어 운동은 실패로 돌아갔답니다.

사회보장제도 (社會保障制度)	社(모일 사) 會(모일 회) 保(지킬 보) 障(막을 장) 制(법도 제) 度(법도 도) : 위험에 처한 국민의 최소한의 삶을 보장해 주는 복지제도

사회구성원이 질병, 장애, 노령, 실업, 사망 등과 같은 위험에 처했을 때 국가가 국민을 보호하기 위해 최소한의 삶을 보장해 주는 복지제도를 말해요. 사회보험, 공공부조, 사회복지서비스가 해당돼요.

국제 사면 위원회 (國際赦免委員會)	國(나라 국) 際(사이 제) 赦(용서할 사) 免(면할 면) 委 (맡길 위) 員(인원 원) 會(모일 회)

영어로는 '앰네스티 인터내셔널(Amnesty International)'이라고 해요. 국제 사면 위원회는 언론과 종교의 자유를 탄압하거나 체제에 반대하는 사람들을 투옥하고 고문하는 행위를 세계 여론에 고발하고 석방을 요구하는 일을 하는 국제기구예요. 영국 런던에 본부가 있고 약 150여 개국에 지부를 두고 있는 세계 최대의 인권 단체랍니다.

02 | 인권 보장과 헌법

인권이 보호되기 위해서는 인권에 대한 사회적 인식과 더불어 이를 제도적으로 보장할 수 있는 제도적 장치들이 필요하다. 국가의 모든 법과 제도는 최고법인 헌법에 따라 만들어지며, 헌법은 인간 존엄성을 보장하고 구현하고자 하는 노력의 산물이다. 따라서 인권과 헌법은 밀접한 관계를 지니며 헌법에 명시된 인권 관련 규정들은 국민 인권을 보호하는 중요한 근거가 된다.

헌법(憲法)	憲(법 헌) 法(법 법): 국가 조직체계와 국민의 기본권을 보장하는 최고법

헌법은 국가 구성과 조직, 작용 및 국민의 기본권을 보장하는 근본법이자 최고법이에요. 국가의 모든 법률과 제도는 헌법을 기반으로 만들어져요. 따라서 모든 법률과 제도는 국민의 기본권을 보장하기 위해 만들어져야 해요. 우리나라는 헌법 제10조에 인간 존엄성 행복추구권을 명시하고 있어요. 인권침해가 발생하면 국민은 헌법에 근거하여 인권보호를 요청할 수 있고, 국가는 이를 수용하고 보호할 의무를 지니고 있어요.

기본권(基本權)	基(기초 기) 本(근본 본) 權(권리 권): 헌법에 명시된 인간의 기본적인 권리

기본권은 헌법에 보장되어 있는 인간의 기본적인 권리를 말해요. 즉, 헌법에 규정되어 있는 인권이 기본권이라고 할 수 있어요. 우리나라 헌법 제10조에는 '모든 국민은 인간으로서의 존엄과 가치를 가지며, 행복을 추구할 권리를 가진다.'고 나와 있어요. 이러한 일반 규정에 따라 기본권은 크게 자유권, 평등권, 사회권, 참정권, 청구권으로 구분할 수 있어요.

자유권(自由權)	自(스스로 자) 由(행할 유) 權(권리 권): 국가로부터 개인의 자유를 간섭받지 않을 권리

자유권은 국민의 기본권 중 하나로, 국가로부터 개인의 자유를 간섭받지 않을 권리예요. 가장 기본적인 자유권인 신체의 자유, 주거 및 사생활의 자유, 언론 · 출판 · 집회 · 결사의 자유 등이 해당돼요. 국가의 역할을 제한함으로써 보장되는 소극적인 성격을 지니는 권리예요.

평등권(平等權)	平(평평할 평) 等(같을 등) 權(권리 권): 법 앞의 평등, 기회의 균등을 보장받을 권리

평등권은 모든 사람은 법 앞에 평등하다는 것을 내용으로 하는 권리예요. 즉, 누구나 법 앞에서 평등하며 균등한 기회를 가진다는 것을 의미하지요. 헌법 제11조 1항에서는 성별·종교 또는 사회적 신분(직업, 지위)에 의해 정치적·경제적·사회적·문화적 생활의 모든 영역에서 차별을 받지 않는다는 점을 명확히 하고 있어요.

사회권(社會權)	社(모일 사) 會(모일 회) 權(권리 권): 인간다운 삶을 위한 조건을 국가에 요구할 수 있는 권리

사회권은 국민이 인간다운 생활을 누리기 위한 요구를 국가에 할 수 있는 권리예요. 이는 개인의 인간다운 생활을 보장할 책임이 국가 및 사회에 있다는 사상에서 발생한 권리랍니다. 현대 복지 사회에서 가장 중시되는 권리이자 적극적인 권리라고 할 수 있어요.

참정권(參政權)	參(참여할 참) 政(정사 정) 權(권리 권): 정치에 참여할 수 있는 권리

국민이 정치에 참여하여 정치적 권리를 행사할 수 있는 권리를 말해요. 선거권, 공무 담임권, 국민 투표권이 참정권에 속해요. 참정권은 국민의 권리이자 의무이기도 해요.

청구권(請求權)	請(청할 청) 求(구할 구) 權(권리 권): 자신의 권리를 보호하기 위해 국가에 일정한 청구를 할 수 있는 권리

만약 기본권이 침해당하는 상황에 놓이게 된다면 어떻게 해야 할까요? 적극적으로 자신의 권리를 보장받고 보상을 받아야 하겠지요. 기본권 중에는 자신의 권리를 지키기 위해 국가에 일정한 청구를 할 수 있는 권리가 보장되어 있어요. 이것이 바로 청구권이에요. 청원권, 국가 배상 청구권 등이 해당되지요. 청구권은 기본권 보장을 위한 기본권이며 적극적인 권리라 할 수 있어요.

03 | 인권 침해와 구제

현대 사회에서는 헌법과 법률에 의해 인권이 보호되지만, 그럼에도 불구하고 여전히 인권이 침해되는 일이 발생한다. 오늘날 인권 문제가 더욱 중요해진 이유는 이해관계가 복잡해지면서 인권이 침해될 수 있는 사례가 증가하기 때문이기도 하지만, 인권의 범위가 점차 넓어지고 있기 때문이기도 하다. 자유와 평등의 개념이 확대되면서 과거에는 기본권과 무관하다고 여겨졌던 일들이 기본권과 관련되어 있음을 알게 된 것이다. 이에 따라 인권에 대한 이해와 공감, 그리고 인권이 침해되었을 때 구제받을 수 있는 방법 등을 파악하는 것이 민주 시민의 기본적 자질로서 요구되고 있다.

일조권(日照權)	日(해 일) 照(비출 조) 權(권리 권): 생활에 필요한 햇빛을 확보할 수 있는 권리

도시화가 가속화되면서 새롭게 등장한 권리가 바로 일조권이에요. 일조권이란 생활하는 데 필요한 햇빛을 확보할 수 있도록 하는 권리를 말해요. 무분별한 도시 개발로 건물과 건물 사이의 간격이 좁아지고, 고층 건물이 많이 들어서면서 생활에 필요한 최소한의 햇빛을 확보할 수 없게 되는 일이 발생하고 있어요. 햇빛을 충분히 받지 못하면 정신적, 육체적 건강을 해칠 수 있기 때문에 선진국에서는 법으로 일조권을 보호하고 있어요.

프라이버시권 right of privacy	개인의 사생활이 침해받지 않을 권리

프라이버시란 사생활이나 사적인 일을 뜻하는 말이에요. 사회가 점점 복잡해지고 과학 기술이 발달하면서 개인이 타인의 간섭을 받거나 타인에게 개인의 고유 정보가 유출(流出, 흘러 나감)되는 일이 자주 발생하고 있어요. 이러한 일로부터 개인의 사생활이 침해당하지 않을 권리가 바로 프라이버시권이에요. 우리 헌법에서는 제 16조, 17조, 18조 등, 다양한 조항에서 프라이버시권을 보호하고 있어요.

인종차별(人種差別)	人(사람 인) 種(종류 종) 差(다를 차) 別(나눌 별): 인종적 차이에 근거하여 사람들을 불평등하게 대우하는 것

백인, 흑인, 황인 등 인종적 차이에 근거하여 사람들을 불평등하게 대우하는 것을 인종차별이라 해요. 인종차별은 인간을 생물학적인 특성에 따라 차등적으로 분류하고 그들을 다르게 대우하려는 '인종주의'에 바탕을 두고 있어요.

성차별(性差別)	性(성별 성) 差(다를 차) 別(나눌 별): 성별에 따라 차등적인 대우를 하는 것

남성과 여성이라는 생물학적 차이에 따라 차등적인 대우를 하는 것을 말해요. 일반적으로 대부분의 사회에서 여성에게 불평등한 대우가 존재해 왔어요. 가부장적인 사회 구조에 따라 여성은 모든 분야에서 남성에 비해 부당한 대우를 받아왔어요. 현대 민주 사회에서는 이러한 성차별적인 구조를 없애고 양성평등 사회를 만들고자 노력하고 있어요.

협상(協商)	協(화합할 협) 商(헤아릴 상): 분쟁 당사자 간 합의를 통해 분쟁을 해결하는 것
조정(調停)	調(조절할 조) 停(머무를 정): 재판 없이 제3자의 개입으로 분쟁을 해결하는 제도
중재(仲裁)	仲(가운데 중) 裁(결정할 재): 재판을 하지 않고 분쟁의 판단을 제3자에게 맡겨 해결하는 제도

누군가가 자신의 권리를 침해하여 분쟁이 발생했을 때 다양한 기관을 통해 권리를 찾거나 보호를 받을 수 있어요. 대표적인 기관이 바로 법원이지요. 하지만 법원의 재판을 통한 권리 주장은 시간과 비용이 많이 들기 때문에 가능하면 협상, 조정, 중재 등과 같은 당사자 간의 자율적인 해결이 우선 고려되어야 해요. 이 중 협상이란 분쟁 당사자끼리 합의를 통해 문제를 해결하는 것을 말해요. 조정(調停)은 재판을 하지 않고 당사자 간에 분쟁해결을 하는 제도예요. 분쟁 당사자 사이에 제3자가 개입해서 화해에 이르도록 하는 것이죠. 중재(仲裁)는 분쟁이 발생했을 때 재판을 하지 않고 분쟁에 대한 판단을 제3자에게 맡겨 당사자 사이의 분쟁을 해결하는 제도를 말해요. 일상에서는 조정과 큰 차이 없이 쓰이지만, 법률상으로는 큰 차이가 있어요. 조정은 제3자가 제시한 조정안을 당사자가 승낙해야만 조정안의 구속력이 생기지만, 중재는 제3자의 판단 자체가 법적인 구속력을 가지게 된답니다.

start!

VI

경제

需(구할 수) 要(원할 요) 量(양 량):
어떤 가격에 소비자가 사려고 하는
재화와 서비스의 양

수요량
(需要量)

1 경제생활의 이해

사람이 살아가기 위해서는 여러 가지 재화와 서비스가 필요하며, 이를 위해 생산, 분배, 소비 중심으로 경제 활동을 하게 된다. 경제 활동은 우리 생활의 기본이 되는 활동으로, 원활히 이뤄지지 않으면 다양한 사회적 갈등이 발생할 수 있다. 또한 경제생활에서 고려해야 할 점이 바로 자원의 희소성이다. 희소성으로 인해 경제 문제가 발생하기 때문에 합리적인 경제생활을 하는 것이 필요하다.

01 경제 활동과 합리적 선택

재화(財貨) | **용역**(用役) | **경제 활동**(經濟活動) | **소득**(所得) | **자본**(資本) | **이자**(利子) | **지대**(地代) | **임금**(賃金) | **희소성**(稀少性) | **기회비용**(機會費用) | **합리적 선택**(合理的選擇) | **신용**(信用) | **화폐**(貨幣)

02 경제생활과 자산관리

재무(財務) | **보험**(保險) | **연금**(年金) | **자산**(資産) | **자산관리**(資産管理) | **부동산**(不動産) | **수입**(收入)과 소득(所得) | **경상 소득**(經常所得) · **비경상 소득**(非經常所得) · **근로 소득**(勤勞所得)

01 | 경제 활동과 합리적 선택

인간의 경제 활동은 생산, 분배, 소비를 중심으로 이뤄진다. 그런데 인간의 욕망은 무한한 반면, 자원은 희소하기 때문에 무엇을, 얼마나, 어떻게 생산하고 분배하며 소비할 것인가와 같은 경제 문제가 발생하게 된다. 이러한 문제를 해결하기 위해서는 비용과 편익을 고려한 합리적 선택이 필요하다. 비용 대비 더 큰 만족감을 얻는 선택을 통해 합리적인 경제 활동을 해나갈 수 있다.

재화(財貨)	財(재물 재) 貨(재화 화): 우리 생활에 유용한 물건

한자로는 재물을 나타내지만 실제 그 의미는 더 커요. 우리 생활에 유용한 형태를 갖춘 물건을 일컫는 말이 바로 재화랍니다. 사람들은 재화를 사용하거나 소비함으로써 경제적인 만족을 얻게 되지요.

용역(用役)	用(쓸 용) 役(일할 역): 형태는 없으면서 인간을 만족시켜주는 사람들의 활동

용역은 서비스라고도 해요. 형태는 없으면서 인간을 만족시켜주는 사람들의 활동을 말해요. 예를 들어 선생님의 수업, 의사의 진료행위가 해당된답니다.

경제 활동(經濟活動)	經(다스릴 경) 濟(도울 제) 活(살 활) 動(움직일 동): 생활에 필요한 다양한 재화와 서비스를 생산, 분배, 소비하는 활동

사람들은 아침에 눈을 떠서 잠자리에 들기까지 다양한 형태의 경제 활동을 해요. 밥을 먹고, 버스나 지하철을 타고 출근을 하지요. 일한 대가로 급여를 받기도 하고 그 돈으로 생활용품을 사서 씁니다. 학교에서 선생님의 수업을 듣는 것, 병원에서 의사가 환자를 진료하는 것도 경제 활동에 속해요. 사람이 살아가기 위해 하는 이 모든 활동을 경제 활동이라고 해요. 이렇듯 생활에 필요한 다양한 재화와 서비스를 생산, 분배, 소비하는 활동을 경제 활동이라고 하지요.

소득(所得)	所(바 소) 得(얻을 득): 경제 활동에 참여함으로써 대가로 얻는 재화나 서비스

일정 기간 동안 생산 요소 즉 노동, 토지, 자본 등을 투입하여 경제 활동에 참여함으로써 대가로 얻는 재화나 서비스를 말해요. 예를 들어 생산 과정에 노동을 제공했다면 임금(賃金)을 받고, 토지를 제공했다면 사용자로부터 지대(地代)를 받죠. 돈과 같은 자본을 제공했다면 이자(利子)를 받게 된답니다.

자본(資本)	資(재물 자) 本(근본 본): 재화나 서비스를 생산하는 데 사용되는 자산

자본은 일반적으로 재화와 서비스를 생산하는 데 사용되는 자산을 의미해요. 학문에 따라 정의하는 방식이 조금씩 다르기 때문에 이해하기 쉽지 않은 개념이에요. 경제학에서는 생산 요소인 토지, 노동과 결합하여 생산을 가능하게 해주는 생산재를 의미해요. 회계학에서는 자산, 부채와 대조되는 개념으로, 기업의 총자산가치액에서 총부채액을 뺀 나머지를 의미한답니다.

이자(利子)	利(이로울 이) 子(이자 자): 돈이나 물건을 사용한 대가로 빌려준 사람에게 내는 돈

일정기간 돈이나 물건을 빌려 사용한 대가로 빌려준 사람에게 내는 일정 비율의 돈이나 대체물을 말해요. 개인 간에 돈을 빌려주고 받을 때는 물론, 은행에서 돈을 빌린 뒤 갚을 때 이자를 지불해야 해요. 또한 은행에 돈을 예금하면 예금에 대한 대가로 이자를 받기도 해요.

지대(地代)	地(땅 지) 代(대금 대): 토지를 소유한 사람이 사용한 사람에게서 받는 돈이나 대체물

토지를 소유한 사람이 토지를 사용한 사람에게서 받는 화폐 혹은 대체물을 말해요. 즉, 지대는 토지라는 생산 요소를 가진 사람에게 주어지는 소득이라 할 수 있어요. 지대는 토지 자체만으로는 생길 수 없고 토지를 이용한 사람들의 노력의 결과로 발생해요.

임금(賃金)	賃(품팔이 임) 金(돈 금): 근로자가 일한 대가로 받는 돈

근로자가 일한 대가로 받는 돈을 임금이라 해요. 급료(給料), 봉급(俸給), 보수(報酬) 등의 말로도 바꿔 쓸 수 있어요. 농경사회에서 산업사회로 변해가면서 임금을 매개로 한 사회적 관계가 형성되었답니다.

희소성(稀少性)	稀(드물 희) 少(적을 소) 性(성질 성): 인간의 무한한 욕구에 비해 자원, 시간, 재화 등이 부족한 상태

희소성은 일반적으로는 무엇인가가 부족한 것을 의미하지만, 경제학에서는 사람의 무한한 욕구에 비해 자원, 시간, 재화 등이 부족한 상태를 말해요. 바로 이러한 희소성으로 인해 사람들은 원하는 것을 모두 가질 수가 없답니다. 때문에 우리는 주어진 여건 속에서 더 큰 만족을 얻을 수 있는 재화와 서비스를 선택해야 하는 것이죠. 결국, 희소성 때문에 다양한 경제 현상이 발생한다고 할 수 있어요. 사람들이 가지고 있는 욕구의 종류와 크기가 다르기 때문에 희소성을 느끼는 것도 다를 수 있다는 것도 알아 두어야 해요.

기회비용(機會費用)	機(기회 기) 會(기회 회) 費(쓸 비) 用(쓸 용): 어떤 것을 선택함으로써 포기하게 되는 가치 중 가장 큰 것

열심히 공부하던 중학생 호진이는 꿀맛 같은 한 시간의 휴식시간을 얻게 되었어요. 그런데 주어진 한 시간 동안 어떤 일을 하며 보낼지 고민이 되었죠. TV를 볼지 농구를 한 게임 할지 말이에요. TV를 보게 되면 농구를 함으로써 얻게 되는 만족감을 얻을 수 없어요. 반대로 농구를 하면 TV를 통해 누리게 되는 즐거움을 포기해야겠지요. 이처럼 우리는 한정된 시간 때문에 하고자 하는 것을 모두 하지 못하고 어느 한 가지 활동을 선택해야 하는 상황을 경험하게 되지요. 이럴 때 바로 기회비용이 발생하게 되는데, 기회비용이란 어떤 것을 선택함으로써 포기하게 되는 가치를 말해요. 만약 호진이가 TV를 보기로 결정했다면 호진이가 치르는 기회비용은 바로 농구를 통해 얻게 되는 만족감이 될 거예요. 호진이의 경우는 두 가지 선택지 중에서 고민을 했지만 실제 우리는 무언가를 선택할 때 두 가지 이상의 대안들 가운데에서 고민하게 되지요. 기회비용은 희소성(사례에서는 시간의 희소성) 때문에 한 가지를 선택함으로써 포기한 대안들 중에서 가장 가치가 큰 것을 말한답니다.

합리적 선택 (合理的選擇)	合(적합할 합) 理(이치 리) 的(과녁 적) 選(가릴 선) 擇 (가릴 택): 비용 등을 고려해 최대의 만족을 얻는 선택

소비자, 기업, 정부는 모두 경제 활동 과정에서 끊임없이 선택을 하고, 이 과정에서 기회비용이 발생해요. 당연히 경제 활동을 하는 사람들은 기회비용보다 만족이나 편익(便益)이 큰 선택을 하려 하겠죠. 이처럼 편익과 비용을 정확히 인식하고, 비교를 통해 만족이 큰 선택을 하는 것을 합리적 선택이라고 해요.

신용(信用)	信(믿을 신) 用(쓸 용): 돈을 빌리거나 빌려줄 때 얼마나 믿 을 수 있는지를 평가한 것

경제학에서 신용은 사람에 대한 믿음임과 동시에 돈을 빌리고 빌려줄 때 얼마나 믿을 수 있는지를 평가한 것이에요. 즉 외상으로 물건을 살 수 있거나 돈을 빌리고 난 후에 갚을 수 있는 능력을 말한답니다. 신용을 적절하게 활용하면 현재의 소득 범위보다 더 많은 소비를 할 수 있어요. 하지만 신용을 바탕으로 한 소비는 곧 갚아야 할 빚을 의미하기 때문에 현대 사회에서는 현명한 신용 관리가 필요해요. 자칫 잘못 사용하면 신용이 떨어질 수 있답니다. 현재 우리나라는 개인의 신용을 총 10개의 등급으로 나눠 관리하고 있어요.

화폐(貨幣)	貨(재화 화) 幣(화폐 폐): 시장에서 물건을 사고팔 때 교환 수단으로 사용하는 매개물

시장에서 물건을 사고팔 때 교환의 수단으로 사용하는 매개물을 화폐라 해요. 아주 옛날에는 필요한 물건을 얻기 위해서 상대방에게 자신이 가진 물건을 내어주는 물물교환 방식으로 거래를 했어요. 물물교환은 무게나 부피가 큰 물건은 다루기 어렵고 물건 간 가치를 정확히 매기기 어렵다는 단점이 있어요. 그래서 사람들은 누구에게나 필요한 소금, 가축 등을 매개로 거래하기 시작했죠. 이런 매개물을 상품(물품) 화폐라고 해요. 하지만 상품화폐도 불편함을 완전히 해소시켜주지는 못했어요. 그래서 등장한 것이 바로 금속 화폐예요. 금·은 덩어리를 무게를 달아서 사용하다 차츰 일정한 모양으로 화폐를 만들었지요. 하지만 금과 은은 그것 자체만으로도 가치가 있어 사람들이 사용하려 들지 않는 단점이 있었어요. 더불어 금속 화폐 역시 휴대가 불편하다는 문제가 있어 결국 종이 화폐, 즉 지폐(紙幣)가 만들어졌답니다.

02 | 경제생활과 자산관리

사람들은 일생에 걸쳐 생애주기에 따라 경제생활을 해나간다. 아동기와 청년기에는 주로 부모님의 도움으로 생활하다 성인기에는 직업 활동을 통해 수입을 얻고 중년에 이르러 은퇴를 하게 된다. 이처럼 생애주기에 따른 경제 활동에는 예측 가능한 특징이 존재하기 때문에 수입이 있을 때 미래의 지속 가능한 경제생활을 위한 준비를 철저히 해야 한다.

재무(財務)	財(재물 재) 務(일 무): 돈이나 재산을 확보, 운영, 지출하는 일

재무란 자금을 관리하는 일을 말해요. 구체적으로는 돈이나 재산을 확보하거나 운영하고 지출하는 일 등이 바로 재무랍니다. 소득과 지출은 생애주기에 따라 크게 변화하기 때문에 합리적인 재무생활을 해야 할 필요가 있어요. 소득이 있는 청·장년기에 소득이 줄어드는 노년기를 위해 미리 저축이나 연금 및 보험에 가입하는 등의 준비를 해두어야 안정된 경제생활을 해나갈 수 있답니다.

보험(保險)	保(지킬 보) 險(험할 험): 미래의 위험에 대비하여 미리 경제적 준비를 해두는 제도

미래에 있을 위험(질병, 사고, 재해, 실업 등)에 대비하여 미리 일정한 돈을 적립했다가, 실제 어려움에 닥쳤을 때 일정 금액을 민간 보험회사, 혹은 국가로부터 지급받아 도움을 받는 제도를 말해요. 민간 보험회사가 운영하는 보험을 민영보험, 국가가 사회보장제도로 실시하는 보험을 사회보험이라고 하지요.

연금(年金)	年(해 연) 金(돈 금): 노후를 위해 적립해 둔 돈을 은퇴 후 정기적으로 받는 것

은퇴 이후 정기적으로 받는 돈을 말해요. 노후를 대비하기 위해 생산 활동 가능 기간에 번 돈의 일부를 적립했다가 은퇴 이후 이것을 일정한 기간마다 받아 사용할 수 있답니다. 젊었을 때부터 연금을 준비해 두면 노후에 부담을 덜 수 있겠죠.

자산(資産)	資(재물 자) 産(낳을 산): 경제적 가치가 있는 유형 또는 무형의 재산

경제적 가치가 있는 유형(有形, 형태가 있음) 또는 무형(無形, 형태가 없음)의 재산을 말해요. 소득이 쌓여서 만들어진 재산은 현금이나 부동산의 형태로 소유할 수 있답니다. 유·무형의 재산을 큰 손해 없이 안전하게 유지하면서도 수익을 높이는 일을 바로 자산관리라고 해요. 일을 열심히 해서 수입을 늘리거나, 가지고 있는 돈이나 부동산을 이용해서 이자나 임대료를 받아 수익을 올리는 것 등이 대표적인 자산관리 방법이에요. 이런 적극적인 방법 이외에도 지출을 계획적으로 하여 불필요한 지출을 줄이는 것도 자산관리라고 할 수 있어요.

자산관리(資産管理)	資(재물 자) 産(낳을 산) 管(주관할 관) 理(다스릴 리): 재산을 유지하고 이익을 얻도록 운영하는 것

자산관리란 돈이나 재산을 손해 없이 안전하게 유지하면서 이익을 얻을 수 있도록 운영하는 것을 말해요. 자산관리의 목적은 필요한 시기에 충분한 자금을 사용할 수 있는 준비를 하는 것이에요. 따라서 평상시 수익을 안정적으로 올릴 수 있는 투자 대상을 선정하여 자산관리를 해야 해요. 기본적인 자산관리의 원칙으로는 포트폴리오(portfolio)를 꼽아요. 자신이 가지고 있는 자산을 분산하여 투자한다는 의미예요. "달걀을 한 바구니에 담지 말라."라는 말로도 표현할 수 있어요.

부동산(不動産)	不(아닐 부) 動(움직일 동) 産(재산 산): 토지, 건물이나 수목 등의 재산

부동산 투자라는 말을 들어봤을 거예요. 부동산은 토지와 그것에 정착된 건물이나 수목(樹木, 살아있는 나무) 등의 재산을 말해요. 따라서 부동산 투자란 토지, 건물 등에 투자하여 수익을 얻으려는 행위를 뜻하죠.

수입(收入)과 소득(所得)	收(거둘 수) 入(들 입) 所(바 소) 得(얻을 득): 수입은 개 인에게 들어오는 돈이며, 소득은 일정 기간 동안 근로나 자산관 리를 통해 얻는 수입

경제학에서는 수입, 지출, 소득, 소비, 저축의 개념이 매우 중요해요. 수입은 개인에게 들어오는 돈이에요. 소득은 일정 기간 동안 근로나 자산을 관리하여 얻는 수입을 말해요. 대개 소득이 수입의 대부분을 차지하게 되지요. 하지만 소득이 아닌 수입이 발생할 수도 있어요. 다른 사람에게 빌려줬던 돈을 받기도 하고, 예금해 두었던 돈을 찾거나 가지고 있던 부동산을 팔아서도 수입이 생길 수 있답니다. 즉, 소득보다 수입이 더 넓은 개념이에요.

경상 소득(經常所得)	經(지날 경) 常(항상 상) 所(바 소) 得(얻을 득): 월급처 럼 일정하게 발생하는 소득
비경상 소득 (非經常所得)	非(아닐 비) 經(지날 경) 常(항상 상) 所(바 소) 得(얻 을 득): 일시적으로 발생하는 소득
근로 소득(勤勞所得)	勤(부지런할 근) 勞(일할 로) 所(바 소) 得(얻을 득): 사 업체에 고용되어 일한 대가로 받는 보수

소득은 경상 소득과 비경상 소득으로 구분돼요. 경상 소득은 월급처럼 일정하게 발생하는 소득을, 비경상 소득은 일시적으로 발생하는 소득으로 장례, 혼인 등의 과정에서 얻게 되는 소득, 퇴직금, 복권 당첨금 등을 말해요.

경상 소득에는 근로 소득, 사업 소득, 재산 소득, 이전 소득이 있죠. 이 중 근로소득은 사업체에 고용되어 일한 대가로 받는 보수예요. 일반적으로 사람들이 생각하는 소득이 바로 이 근로 소득이랍니다.

사업 소득은 가게나 회사를 직접 운영하여 얻는 소득을 말해요. 재산 소득은 자신이 가진 재산을 이용하여 얻는 소득이에요. 다른 사람에게 돈을 빌려 주거나 저축을 통해 받게 되는 '이자 소득'과 땅이나 집, 건물 등을 빌려 주고 받는 '임대 소득' 등이 있어요. 이전 소득은 생산 활동에 기여한 대가로 얻은 돈이 아니라 퇴직, 질병, 사고, 노령 등으로 인하여 경제적 도움이 필요하다고 인정되는 경우에 일정한 조건을 갖춘 사람이 국가 등으로부터 받는 돈이에요.

2 시장경제의 이해

우리가 소비하는 재화와 서비스는 시장을 통해 거래되고 있으며, 화폐의 등장으로 시장 거래의 효율성이 높아졌다. 경제학자들은 연구를 통해 시장에서 형성되는 가격이 수요량과 공급량에 의해 결정되며, 가격에 의해 수요와 공급에 변화가 발생한다는 점을 밝혀냈다. 우리는 시장에 대한 이러한 기본적 이해를 바탕으로 복잡 다양한 경제 현상들을 이해할 수 있는 것이다.

01 시장의 의미와 종류

시장(市場) | **독점 시장**(獨占市場) | **과점 시장**(寡占市場) | **독점적 경쟁 시장**(獨占的競爭市場) | **분업**(分業)

02 시장 가격의 변동과 역할

시장 가격(市場價格) | **수요**(需要) | **수요량**(需要量) | **수요**(需要)**의 법칙**(法則) | **수요 곡선**(需要曲線) | **공급**(供給) | **공급량**(供給量) | **공급**(供給)**의 법칙**(法則) | **공급 곡선**(供給曲線) | **자연인**(自然人) | **법인**(法人)

01 | 시장의 의미와 종류

우리가 생산하고 소비하는 재화와 서비스는 화폐를 매개로 하여 시장에서 거래된다. 또한 시장에서는 공급자와 수요자가 만나 가격이 형성된다. 시장에서 형성된 가격에 의해 기본적인 경제 문제가 대부분 효율적으로 해결된다. 시장은 경쟁의 정도에 따라 완전 경쟁 시장과 불완전 경쟁 시장으로 구분되며, 불완전 경쟁 시장은 과점 시장, 독점 시장, 독점적 경쟁 시장으로 나뉜다.

시장(市場)	市(시장 시) 場(마당 장): 수요자와 공급자 간 상품 등이 거래되는 곳

시장이라는 말을 들으면 부모님과 함께 간 대형 마트나 전통 시장처럼 물건을 사고파는 특정 장소를 떠올릴 거예요. 요즘에는 홈쇼핑이나 인터넷쇼핑몰 등 전자상거래가 활성화되면서 특정 장소가 아니라 수요자와 공급자 간에 상품이나 생산 요소가 거래되는 곳을 일컫는 개념으로 확대되어 사용되고 있어요.

독점 시장(獨占市場)	獨(홀로 독) 占(차지할 점) 市(시장 시) 場(마당 장): 오직 하나의 기업이 상품을 생산하는 시장

시장은 시장에서 나타나는 경쟁의 정도에 따라 완전 경쟁 시장과 불완전 경쟁 시장으로 나눌 수 있어요. 완전 경쟁 시장은 다수의 경쟁기업이 같은 상품을 생산하여 가격 경쟁이 일어나요. 불완전 경쟁 시장은 다시 독점 시장, 과점 시장, 독점적 경쟁 시장으로 나뉜답니다. 독점 시장은 오직 하나의 기업이 상품을 생산하는 경쟁이 없는 시장을 말해요. 완전 경쟁 시장에서는 수요와 공급에 의해 가격이 결정되지만, 독점 시장에서는 독점 기업이 가격을 결정해요. 독점 기업이 유일한 상품 공급자이기 때문에 가격을 올려도 다른 기업에게 소비자를 뺏길 염려가 없기 때문이에요.

과점 시장(寡占市場)	寡(적을 과) 占(차지할 점) 市(시장 시) 場(마당 장): 소수의 기업이 상품을 생산하는 시장

시장의 종류 중, 불완전 경쟁 시장에 속해요. 과점 시장이란 소수의 기업이 상품을 생산하여 약한 경쟁이 일어나는 시장을 말해요. 과점 시장에 속한 기업들은 비슷한 상품을 생산하고 공급해요. 따라서 한 기업의 상품의 가격이나 생산량 등에 변화가 있을 때 다른 기업에 미치는 영향이 무척 커요. 때로는 과점 시장에 속한 기업들은 이익을 높이기 위해 담합(談合, 서로 의논하여 합의함)하여 가격이나 생산량을 조정하는 경우도 있어요. 이는 시장 경쟁의 효율성을 해치는 결과로 이어져 정부 규제의 대상이 된답니다.

독점적 경쟁 시장 (獨占的競爭市場)	獨(홀로 독) 占(차지할 점) 的(과녁 적) 競(겨룰 경) 爭(다툴 쟁) 市(시장 시) 場(마당 장): 차별화된 상품을 제공하는 다수의 기업이 진출하여 경쟁하는 시장

기본적으로 완전 경쟁 시장과 비슷한 시장 형태예요. 다수의 기업이 시장에 진출해 있고, 시장 진입과 퇴출이 자유로우며, 시장에 대한 정보도 공개되어 있어요. 유일한 차이는 제품의 동질성 여부라 할 수 있지요. 완전 경쟁 시장에서의 상품은 동질적인 반면, 독점적 경쟁 시장에서의 상품은 차별화되어 있어요. 차별화는 소비자의 기호나 제품의 모양이나 내용, 그리고 질을 통해 이뤄져요. 제품의 차별화에 따라 소비자는 자신의 취향에 맞는 특정 회사의 상품만을 고집하게 되고 다른 회사의 상품을 구입하지 않게 되지요. 이처럼 많은 기업이 경쟁적으로 차별화된 상품을 공급하는 시장을 독점적 경쟁 시장이라 해요.

분업(分業)	分(나눌 분) 業(일 업): 물건의 생산 과정을 여러 단계로 나누어 각자 맡은 일을 하는 생산 방식

물건을 만들 때 생산 과정을 여러 단계로 나누고 구분한 뒤, 여러 사람이 각자 맡은 일을 함으로써 상품을 생산하는 방식을 말해요. 분업을 통해 많은 물건을 한꺼번에 생산할 수 있게 되었답니다. 생산의 효율성이 높아지게 된 것이죠. 분업은 자본주의 산업화 과정에서 나타난 가장 중요한 변화라고 할 수 있어요.

02 | 시장 가격의 변동과 역할

수요와 공급의 개념과 원리는 경제생활을 이해하는 데 큰 도움을 준다. 가격과 수요량 간에는 반비례 관계가 성립하며, 가격과 공급량 간에는 비례 관계가 성립한다. 시장 가격은 수요량과 공급량이 일치하는 점에서 결정된다. 시장경제에서 시장 가격은 생산자와 소비자 모두에게 경제 활동의 신호등 역할을 한다. 높은 가격은 생산자에게 더 많이 생산하라는 신호를, 낮은 가격은 생산자에게 생산량을 줄이고 소비자에게 구매량을 늘리라는 신호를 의미한다. 이러한 과정을 통해 점차적으로 수요량과 공급량이 일치하게 된다.

시장 가격(市場價格)	市(시장 시) 場(마당 장) 價(값 가) 格(자리 격): 시장에서 수요와 공급을 통해 형성되는 상품이나 서비스의 가격

시장에서 수요와 공급의 관계를 통해 형성되는 상품이나 서비스의 가격을 말해요. 일반적으로 수요량과 공급량이 일치하면 가격은 더 이상 변하지 않는데 이때의 가격을 시장 가격, 또는 균형가격이라고 하지요.

수요(需要)	需(구할 수) 要(원할 요): 구매력의 뒷받침이 있는 재화나 서비스를 사고자 하는 욕구

수(需)와 요(要) 모두 '바라다, 구하다, 원하다'라는 뜻을 지니고 있는 한자예요. 수요는 소비자가 재화나 서비스를 사고자 하는 욕구를 의미한답니다. 주의해야 할 점은 경제학에서 말하는 수요란 어떤 상품에 대해 단순히 필요를 느끼는 욕구를 말하는 것이 아니라, 구매 의사와 능력을 갖추고 있다는 의미를 지닌다고 할 수 있어요. 예를 들어 어린 아이가 자동차를 보고 가지고 싶다는 욕구를 느꼈다고 해서 그 아이가 차를 '수요'한다고 볼 수는 없어요. 더 나아가 수요는 여러 가지 가격 수준에서 특정 상품에 대한 수요량까지를 고려한 개념이에요. 즉 수요란 여러 가지 가격에서 소비자가 지불할 수 있고 기꺼이 지불하고자 하는 상품의 수요량이라 할 수 있어요.

수요량(需要量)	需(구할 수) 要(원할 요) 量(양 량): 어떤 가격에 소비자가 사려고 하는 재화와 서비스의 양

어떤 가격에 소비자가 사려고 하는 재화와 용역(서비스)의 양을 말해요. 실제로 한 상품의 수요량은 그 상품의 가격뿐만 아니라 다른 상품의 가격, 소비자의 소득이나 기호에 따라 달라질수 있지만, 경제 분석에서는 이를 일정하다고 가정해요.

수요(需要)의 법칙(法則)	需(구할 수) 要(원할 요) 法(방법 법) 則(법칙 칙): 가격이 내리면 상품에 대한 수요량이 늘고, 가격이 오르면 수요량이 주는 현상

사람들의 수요 행위에는 일정한 법칙이 있어요. 다른 조건이 일정하다면 사람들은 특정 상품의 가격이 내리면 그 상품에 대한 수요량을 늘리고, 가격이 오르면 수요량을 줄입니다. 이를 수요의 법칙이라 해요. 가격과 수요량 사이에는 반비례 관계가 성립한답니다. 이러한 수요 법칙을 그래프로 표현한 것이 바로 수요 곡선이에요.

수요 곡선(需要曲線)	需(구할 수) 要(원할 요) 曲(굽을 곡) 線(선 선): 상품의 가격과 수요량과의 반비례 관계를 그래프로 나타낸 것

상품의 가격과 수요량과의 관계를 그래프로 나타낸 것이에요. 그래프의 세로축은 상품 가격을, 가로축은 수요량을 나타내요. 일반적으로 상품 가격과 수요량은 반비례 관계에 있어요. 따라서 수요 곡선은 왼쪽에서 오른쪽으로 갈수록 아래로 향하는 모양으로 나타나요.

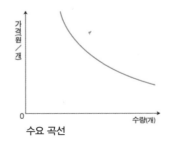

수요 곡선

공급(供給)	供(이바지할 공) 給(줄 급): 상품을 판매하고자 하는 욕구

공급은 일정 대가를 받고 상품을 판매하고자 하는 욕구를 말해요. 단순히 생산자가 물건을 생산하여 시장에 제공한다는 의미를 넘어, 서로 다른 가격에 생산자들이 특정 재화나 서비스를 제공하고자 하는 수량 간의 관계를 의미하지요. 공급은 원료나 이자 등과 같은 생산 요소의 가격 변화, 기업 수의 변화, 미래에 대한 예측, 기술 수준에 따라 변화해요.

공급량(供給量)	供(이바지할 공) 給(줄 급) 量(양 량): 어떤 가격에 공급자가 팔려는 재화나 서비스의 양

어떤 가격에 공급자가 팔려는 재화나 용역(서비스)의 양을 말해요. 공급자는 시장에서 상품을 가급적 많이 팔아 수익을 늘리려 해요. 따라서 상품 가격이 상승하면 더 많은 이익을 얻기 위해 공급량을 늘리게 됩니다. 또한 미래에 상품의 가격이 내려갈 것으로 예상되면 공급자는 현재의 공급량을 늘리게 돼요. 상대적으로 현재의 상품 가격이 높기 때문이죠.

공급(供給)의 법칙(法則)	供(이바지할 공) 給(줄 급) 法(방법 법) 則(법칙 칙): 가격이 오르면 공급량이 증가하고, 가격이 내리면 공급량이 감소하는 현상

여러분이 사과 농사를 짓는 농부라고 가정해 봅시다. 한 개에 100원 할 때 사과 100상자를 시장에 공급했는데, 가격이 150원으로 올랐다면 여러분은 어떻게 하시겠어요? 당연히 더 많은 이익을 위해서 더 많은 사과를 시장에 공급하겠죠? 여러분뿐만 아니라 다른 농부들도 사과를 더 많이 공급할 거예요. 이렇게 가격이 오르면 공급량이 증가하고, 가격이 내리면 공급량이 감소하는 현상을 공급의 법칙이라고 해요. 상품 가격과 공급량 간의 관계는 비례한다고 할 수 있어요. 이러한 공급의 법칙을 그래프로 표현한 것이 바로 공급 곡선이랍니다.

공급 곡선(供給曲線)	供(이바지할 공) 給(줄 급) 曲(굽을 곡) 線(선 선): 상품의 가격과 공급량과의 정비례 관계를 그래프로 나타낸 것

상품의 가격과 공급량과의 관계를 그래프로 나타낸 것이에요. 가격과 공급량은 정비례 관계에 있어요. 따라서 공급 곡선은 왼쪽에서 오른쪽으로 갈수록 위로 향하는 모양이에요.

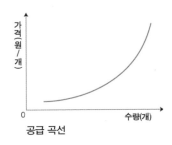

공급 곡선

자연인(自然人)	自(스스로 자) 然(그러할 연) 人(사람 인): 법이 권리능력 주체로 인정하는 개인

법이 권리능력 주체로 인정하는 개인을 말해요. 권리능력이란 권리나 의무의 주체가 될 수 있는 자격이나 지위를 말해요. 권리능력을 가지는 주체는 인간의 육체를 가진 자연인과 법인이 있어요. 자연인은 성별이나 연령, 계층과 관계없이 평등한 권리능력을 가져요. 자연인의 권리능력은 출생과 함께 시작되고 사망을 통해 사라지게 되지요.

법인(法人)	法(법 법) 人(사람 인): 법에 의해 권리와 의무의 주체로서의 자격을 부여받은 대상

자연인(自然人)과 더불어 법에 의해 권리와 의무의 주체로서 자격을 부여받은 대상을 말해요. 자연인으로는 달성하기 어려운 일을 위해 사람들이 단체를 만들어 법인을 만들거나, 특정 재산에 권리를 부여하기도 해요.

3 국민 경제와 경제 성장

한 국가의 경제를 국민 경제라 한다. 가계, 기업, 정부, 외국과 같은 경제 주체가 다양한 경제 활동을 하며 국민 경제를 이끌어가게 된다. 국민 경제의 상태는 상황에 따라 활기를 띠기도 하고 침체를 겪기도 하는데, 안정적으로 사회를 운영하기 위해서는 이러한 변화에 대비할 필요가 있다. 정부는 경제지표를 통해 현재의 경제 상황을 판단하고 미래를 예측한다. 그리고 필요에 따라 적절한 경제 정책을 실시한다. 이러한 노력을 통해 국민 경제는 지속적인 성장을 도모해 나갈 수 있는 것이다.

01 국내총생산과 경제 성장

국민 경제(國民經濟) | **경제지표**(經濟指標) | **국내총생산**(國內總生産) | **국민총생산**(國民總生産) | **세금**(稅金) | **탈세**(脫稅) | **사채**(私債) | **생산 요소**(生産要素) | **투자**(投資) | **인적 자본**(人的資本)

02 물가와 실업

물가(物價) | **인플레이션**(inflation) | **통화량**(通貨量) | **투기**(投機) | **실업**(失業) | **고통지수**(苦痛指數)

03 성장과 안정을 위한 노력

금리(金利) | **기준금리**(基準金利) | **요구불예금**(要求拂預金) | **재정 정책**(財政政策) | **통화 정책**(通貨政策) | **물질만능주의**(物質萬能主義)

01 | 국내총생산과 경제 성장

경제 활동은 개인을 단위로 이뤄지기도 하지만 국가 단위로 이뤄지기도 한다. 경기 변동, 인플레이션, 실업, 경제 성장 등은 국가 단위의 경제 활동이다. 한 나라의 경제 활동은 활기를 띠기도 하고 침체를 겪기도 한다. 따라서 정부는 다양한 경제지표를 통해 경제 상황과 문제를 가늠하고 미래를 예측하여 지속적 성장을 이루기 위해 노력한다.

국민 경제(國民經濟)	國(나라 국) 民(백성 민) 經(다스릴 경) 濟(도울 제): 한 나라를 단위로 밀접하게 관련된 경제 활동

우리의 생활은 기본적으로 국가를 단위로 이뤄지죠. 물건을 생산하고 소비하는 과정에서 국가의 법률과 제도의 영향을 받아요. 국가를 단위로 서로 밀접하게 관련된 경제 활동을 국민 경제라 해요. 즉, 한 나라를 단위로 경제 활동을 하는 것을 말한답니다.

경제지표(經濟指標)	經(다스릴 경) 濟(도울 제) 指(가리킬 지) 標(표할 표): 경제 활동을 구체적으로 나타내는 표지

지표란 방향이나 목적을 나타내는 표지를 의미해요. 사회과학에서는 지표를 복잡하고 추상적인 개념을 표현할 때 사용되는 도구라고 생각해요. 경제지표란 경제 현상과 활동 상태를 나타내는 구체적인 표지를 말하지요. 예를 들어 우리나라 경제 상태를 나타내는 구체적인 지표로 'GNP(국민총생산)'나 'GDP(국내총생산)' 등이 있어요. 주로 현재의 경제적 상황을 알 수 있고, 미래의 경제 변화를 예측할 수 있는 각종 통계지수와 그래프 등이 경제지표로 사용된답니다.

국내총생산 (國內總生産)	國(나라 국) 內(안 내) 總(모두 총) 生(날 생) 産(낳을 산): 일정 기간 한 나라에서 생산된 최종 생산물의 시장 가치의 총합

뉴스에서 자주 듣게 되는 국내총생산은 영어 약자로 GDP(Gross Domestic Product)라고 써요. 국내총생산은 일정 기간 동안 한 나라에서 생산된 최종 생산물의 가치를 시장 가격으로 측정한 경제지표로, 국민 소득을 보여준답니다. 생산물에는 자동차, 사과, 휴대폰 등과 같은 형태가 있는 재화뿐만 아니라, 교사의 수업, 강사의 강의, 의사의 진료와 같은 형태가 없는 서비스도 포함이 돼요.

국민총생산 (國民總生産)	國(나라 국) 民(백성 민) 總(모두 총) 生(날 생) 産(낳을 산): 국민을 기준으로 국가의 생산 활동을 측정한 지표

한 국가의 생산 활동은 국민을 기준으로 측정할 수도 있고 국경을 기준으로 할 수도 있어요. 국경을 기준으로 측정한 지표가 바로 국내총생산(GDP)이고, 국민을 기준으로 측정한 것이 바로 국민총생산(Gross National Product), 즉 GNP랍니다. 요즘에는 해외에 거주하는 우리 국민이나 국내에 거주하는 외국인이 많기 때문에 국민보다는 국경을 기준으로 경제 활동 상황을 파악하는 것이 더 적절하다고 봐요.

세금(稅金)	稅(세금 세) 金(돈 금): 국가 또는 지방자치단체의 운영을 위해 국민들로부터 거둬들이는 수입

국가가 운영되기 위해서는 일정한 수입이 필요해요. 도로, 항만 등의 시설을 만들고 다양한 복지정책을 시행하려면 비용이 많이 들기 때문이에요. 이처럼 국가 운영에 사용하기 위해 국가가 국민들로부터 거둬들이는 수입을 바로 세금이라 해요.

탈세(脫稅)	脫(벗을 탈) 稅(세금 세): 납세의 의무를 이행하지 않는 불법적 행위

우리 헌법에는 국민의 의무로서 납세의 의무를 두고 있어요. 납세(納稅)란 국가에 세금을 내는 행위를 말해요. 그런데 다양한 불법적인 방법으로 세금을 내지 않거나 금액을 줄여 내는 것을 탈세라고 해요.

사채(私債)	私(개인 사) 債(빚 채): 개인이 금융 기관이 아닌 개인이나 대부업체로부터 진 빚

사채는 개인이 금융 기관이 아닌 개인이나 대부업체를 통해 진 빚을 말해요. 일반적으로 금융 기관보다 이자율이 높아서 사채를 이용하면 경제적 부담이 커지게 돼요. 한편 한자어가 다른 '사채(社債)'는 주식회사가 회사 운영을 위한 자금을 모으기 위해 발행하는 채권을 의미해요.

생산 요소(生産要素)	生(날 생) 産(낳을 산) 要(중요할 요) 素(바탕 소): 재화의 생산에 투입되는 경제 자원

재화의 생산에 들어가는 경제 자원을 말해요. 생산 요소에는 토지, 노동, 자본이 있어요. 생산 요소는 생산 과정에서 부가가치를 만들어 내고 그 용역에 대해 각각 지대, 임금, 이자라는 보수가 지급이 된답니다.

투자(投資)	投(던질 투) 資(자본 자): 미래의 이익을 위해 자본 및 지금을 지출하는 것

미래에 이익을 얻기 위해 어떤 일이나 사업에 자본을 대거나 시간이나 정성을 쏟는 과정을 말해요. 구체적으로는 공장, 기계, 건물이나 원료 등 생산 활동과 관련되는 자본재를 유지시키거나 증가시키는 활동을 의미하지요. 비슷한 개념으로 '투기(投機)'가 있는데, 투기는 생산 활동과 관계없는 이익을 추구한다는 점에서 투자와 달라요.

인적 자본(人的資本)	人(사람 인) 的(과녁 적) 資(재물 자) 本(근본 본): 사람이 가지고 있는 지식, 기술, 건강 등의 능력

노동자가 가진 지식, 기술, 건강과 같은 능력을 인적 자본이라 해요. 기계나 건물과 같은 물적 자본은 인간과 분리할 수 있지만 지식, 기능, 건강과 같은 것들은 사람과 분리할 수 없기 때문에 인적 자본이라 부른답니다. 최첨단 기계를 많이 사용하면 생산성이 높아지듯이 인적 자본을 많이 가진 노동자가 더 높은 생산성을 가져요. 따라서 경제 성장을 위해서는 기계나 장비에 투자하는 것도 중요하지만, 교육과 같은 인적 자본에 대한 투자도 중요해요. 또한 물적 자본을 통한 생산성 증대에는 한계가 있지만 인적 자본에 의한 생산성 증가는 한계가 없기 때문에 최근 경제 이론에서는 인적 자본의 중요성을 강조하고 있어요. 인적 자본은 변화하는 사업 환경 속에서 조직이 적응할 수 있도록 하고, 조직 발전에 기여해요.

02 | 물가와 실업

물가의 흐름을 파악하는 것은 국내총생산과 더불어 국가의 경제 상황을 분석하는 데 있어 매우 중요한 일이다. 물가의 하락은 경기 침체의 신호로 이해되며 상승은 경제 호황, 혹은 생산비 상승으로 인한 어려움을 의미한다. 실업률 역시 경제 상황을 파악하게 해주는 중요한 지표 중 하나이다. 실업자가 늘어나면 생산이 줄어들고 국민의 소득이 감소할 뿐만 아니라, 사회 불안이 야기될 수 있다. 정부는 물가와 실업과 관련된 문제를 해결하기 위해 다양한 정책들을 제시하고 경제 안정화에 힘쓰고 있다.

물가(物價)	物(물건 물) 價(값 가): 여러 상품들의 평균적인 가격

뉴스에서 '물가가 올랐다'라는 말을 들어본 적이 있을 거예요. 물가는 국민 경제 안에 존재하는 여러 상품들의 가격을 종합하여 평균한 것이에요. 물가가 오르면 일정한 수입으로 생활을 해 나가야 하는 서민들은 경제적인 부담을 느끼게 된답니다.

인플레이션 inflation	물가가 지속적으로 오르는 현상

물가가 지속적으로 오르는 현상을 인플레이션이라고 해요. 인플레이션의 정도는 관심 기간 동안의 물가 상승률로 측정해요. 물가는 한 재화의 가격이 아니라 많은 재화의 가격이 함께 오를 때 상승하게 돼요. 재화의 가격이 전반적으로 상승하게 되면 일정한 돈으로 살 수 있는 재화의 양이 줄어든다는 것을 의미해요. 바꿔 말하면 화폐의 가치가 하락하게 되는 것이죠. 인플레이션 현상이 일어나면 일정한 급여를 받고 사는 사람들의 생활수준은 낮아질 수밖에 없어요.

통화량(通貨量)	通(통할 통) 貨(화폐 화) 量(양 량): 한 나라 경제에서 일정 시점에 유통되고 있는 화폐의 양

한 나라에서 일정 시점에 유통되고 있는 화폐의 양을 말해요. 보통 민간이 보유한 현금통화와 일반은행의 요구불예금(要求拂預金, demand deposits)의 합을 통화량이라 해요.

투기(投機)	投(던질 투) 機(기회 기): 기회를 엿보아 큰 이익을 보려는 것

시세 변동을 예상하여 차익을 얻기 위하여 하는 매매 거래를 말해요. 예를 들어 큰 이익을 기대하고 부동산에 돈을 투자하는 것은 투기이지요. 자신이 샀을 때보다 팔 때 부동산 가격이 높아질 것을 예상하고 땅을 구매하는 것이 그 예이지요. 구매한 땅에 아무런 일을 하지 않고 단지 가격 차이만을 노려서 되파는 경우를 '부동산 투기'라 한답니다. 투기는 부정적, 불법적 행위에요. 하지만 경제적 이익을 위해 미래를 예측하여 투자를 하는 행위와 투기를 구분하기는 쉽지 않아요.

실업(失業)	失(잃을 실) 業(업 업): 일할 능력과 의사가 있음에도 불구하고 일자리가 없어서 일자리를 구하는 상태

일할 능력과 의사(意思, 무엇을 하고자 하는 생각)가 있음에도 불구하고 일자리가 없어서 일자리를 구하고 있는 상태를 실업이라고 해요. 실업자가 늘면 생산이 줄어들고 국민들의 소득도 감소해서 사회 불안이 야기될 수 있기 때문에 정부는 별도의 실업 대책을 세우기도 해요. 실업은 원인에 따라 계절적 실업, 마찰적 실업, 경기적 실업, 구조적 실업으로 구분해요.

고통지수(苦痛指數)	苦(쓸 고) 痛(아플 통) 指(가리킬 지) 數(셀 수): 한 국가의 국민이 피부로 겪는 경제적 고통을 측정하는 지표

물가가 오르고 실업률이 높아지면 국민들은 경제적으로 큰 고통을 겪게 돼요. 일정한 소득으로 살아가는 사람들에게 물가가 오른다는 것은 실질적으로 소득이 준다는 것을 의미해요. 또한 실업 상태에 있는 사람들이 많아지면 소비가 감소하고 전체 경제가 침체되게 된답니다. 이러한 점에 착안해서 물가 상승과 실업, 두 통계치의 합으로 한 국가의 국민이 피부로 겪는 경제적 고통을 측정하는 지표를 만들었어요. 이것이 바로 고통지수예요. 실업률이 인플레이션보다 더 큰 고통을 준다는 일부 연구 결과를 반영하여 두 지표의 단순 합 대신에 실업률에 더 높은 가중치를 두는 가중 고통지수도 있어요. 미국의 경제학자 아더 오쿤(Arthur Okun)이 최초로 고안했어요.

03 | 성장과 안정을 위한 노력

물가 안정과 실업 해결은 국민 개인의 삶의 질을 향상시키고 지속적인 경제 성장과 사회 안정을 위해 반드시 이뤄져야 한다. 정부는 이를 위해 기본적으로 재정 정책과 통화 정책을 사용한다. 하지만 물가와 고용 안정은 정부 정책뿐만 아니라 모든 경제 주체의 노력을 통해 달성될 수 있다.

금리(金利)	金(돈 금) 利(이익 리): 빌린 돈에 대한 이자의 비율

경제생활을 하다보면 때로는 은행에 돈을 빌려 사용해야 할 때가 있어요. 돈을 빌린 후 나중에 갚을 때에는 원금(元金)에 이자(利子)를 더해 갚도록 되어 있어요. 이때 이자는 은행의 중요한 수익이 된답니다. 이처럼 금융시장에서 형성된 빌린 돈에 대한 이자의 비율을 '금리'라고 해요. 다른 말로 이자율이라고도 하지요.

기준금리(基準金利)	基(기초 기) 準(준할 준) 金(돈 금) 利(이익 리): 한 나라의 대표 금리

기준금리란 중앙은행이 정한 한 나라의 대표 금리로 각종 금리의 기준이 된답니다. 기준금리를 정할 때는 국내외 경제 상황을 면밀히 살펴 정하게 되죠. 우리나라는 한국은행이 중앙은행으로서 금융통화위원회에서 기준금리를 정해요. 은행들은 기준금리를 참고하여 콜금리(초단기 금리)나 예금 및 대출 금리 등을 정하게 된답니다. 기준금리가 오르면 시중 금리도 오르고, 기준금리가 내리면 시중 금리도 내리게 되겠죠?

요구불예금 (要求拂預金)	要(원할 요) 求(구할 구) 拂(치를 불) 預(맡길 예) 金(돈 금): 예금주가 요구할 때 언제든지 지급할 수 있는 예금

은행에 예금을 맡긴 사람이 요구할 때 언제든지 조건 없이 지급할 수 있는 예금이에요. 예금주가 원하면 언제든지 예금을 지급해 주기 때문에 통화량에 영향을 주게 되지요. 예금인출이 자유로운 대신 저축성예금에 비해 이율이 낮은 편이에요.

재정 정책(財政政策)	財(재물 재) 政(정사 정) 政(정사 정) 策(꾀 책): 경제 성장과 고용안정을 위해 조세 수입이나 정부 지출을 조절하는 정부 정책

정부는 지속적인 경제 성장과 사회 안정을 위해 물가를 안정시키고 실업률을 줄이기 위한 다양한 노력을 기울여요. 특히 두 가지 정책을 중점적으로 실시하는데, 재정 정책과 통화 정책이 바로 그것이에요. 그중 재정 정책은 세금이나 정부 지출 조절을 통해 경제 성장과 고용안정의 목표를 달성하려는 정책을 말해요. 경기가 침체되었을 때는 정부가 지출을 늘려 일자리를 만들고 생산물에 대한 수요가 증가해 경기가 살아나요. 반면 경기가 과열되었을 때는 세금을 많이 거두거나 정부 지출을 줄여 경기를 안정시킨답니다.

통화 정책(通貨政策)	通(통할 통) 貨(화폐 화) 政(정사 정) 策(꾀 책): 금리와 통화량을 조정해 경제 안정과 성장을 도모하는 정부 정책

통화 정책은 재정 정책과 더불어 국민경제의 안정과 성장을 꾀하기 위해 국가가 중앙은행을 통해 실행하는 경제 정책이에요. '금융 정책'이라 부르기도 해요. 시중에 통화량이 너무 적으면 경기가 위축되고 반대로 통화량이 너무 많으면 물가가 올라 사람들의 살림살이에 어려움이 생겨요. 이럴 때 한국은행이 금리와 통화량을 조절해 경제 상황을 안정적으로 이끌게 된답니다. 이를 통화 정책이라고 해요. 경기 침체 시 한국은행은 기준 금리를 내려 통화량을 증가시켜요. 금리가 낮으면 사람들은 저축보다는 투자나 소비를 많이 하게 되어 경기가 활성화되니까요. 반대로 경기 과열로 지속적인 물가 상승이 우려되면 한국은행은 기준 금리를 높여서 시중의 통화량을 줄이는 정책을 폅니다. 금리가 높아지면 사람들은 돈을 빌려 투자를 하기보다는 저축을 하게 되어 통화량이 줄게 되지요.

물질만능주의 (物質萬能主義)	物(물건 물) 質(바탕 질) 萬(일만 만) 能(능할 능) 主(주될 주) 義(뜻 의): 물질이 만능이라고 생각하는 풍조

경제적·물질적 가치를 중시하여 인간이 가져야 할 도리보다는 물질만을 추구하는 풍조를 일컫는 말이에요. 즉, 물질을 최우선의 가치로 두고, 물질로 모든 것을 해결할 수 있다고 생각할 뿐만 아니라, 삶의 목표를 물질에 두는 사고방식을 말한답니다.

4 국제 경제와 세계화

오늘날 경제 활동은 개별 국가 단위를 넘어 국제적으로 이뤄진다. 우리가 일상에서 사용하는 많은 물건과 원료들의 경우, 상당 부분이 해외에서 수입된 것이다. 마찬가지로 우리나라 역시 많은 물건들을 다른 나라에 수출하고 있다. 세계화의 흐름으로 국제 거래가 활발해짐에 따라 국제 수지와 환율의 변화가 우리 경제에 미치는 영향이 점차 커지고 있다. 따라서 국제 경제를 잘 이해하고 우리 경제에 미치는 영향과 대응 방법 등에 대해서도 잘 파악해야 할 것이다.

01 국제 거래의 이해

국제 거래(國際去來) | **관세**(關稅) | **해외투자**(海外投資) | **기술 이전**(技術移轉) | **특화**(特化)

02 국제 수지와 세계화

국제 수지(國際收支) | **국제 수지표**(國際收支表) | **준비 자산**(準備資産) | **경상 수지**(經常收支) | **적자**(赤字) | **흑자**(黑字) | **외환**(外換) | **환율**(換率) | **외채**(外債) | **자유무역협정**(自由貿易協定)

01 | 국제 거래의 이해

국제 거래란 국가 간에 제품이나 원료, 기술, 자금 등이 국경을 넘어 거래되는 것을 말한다. 세계화가 가속화되면서 국제 거래는 지속적으로 확대되고 있으며, 우리나라는 특히 수출입이 경제에서 차지하는 비중이 높아 세계 경제 흐름의 영향을 많이 받고 있다.

국제 거래(國際去來)	國(나라 국) 際(사이 제) 去(갈 거) 來(올 래): 국가 간에 이뤄지는 원료, 상품, 자금 등의 거래

세계화 시대에는 국가 간 무역 거래가 활발히 일어나요. 현재 우리가 일상생활에 사용하는 물건들의 대부분이 외국에서 수입되거나 수입된 원료로 만들어져요. 우리나라도 제품이나 기술 등을 다른 나라에 수출하기도 하지요. 이처럼 국가와 국가 사이에 원료, 기술, 물품, 자금 등이 거래되는 것을 국제 거래라고 해요.

관세(關稅)	關(관문 관) 稅(세금 세): 국경을 넘는 물품에 매기는 세금

국경을 넘어 수입되거나 수출되는 물품에 대해 매기는 세금을 관세라고 해요. 대개 수출품보다는 수입품에 매기는 경우가 많아요. 수입품에 세금을 부과하게 되면 상품의 가격이 높아져서 국내 산업을 보호할 수 있게 된답니다. 최근 세계화를 통한 자유무역의 흐름이 강해짐에 따라 여러 나라들이 관세율을 낮추거나 없애고 있답니다.

해외투자(海外投資)	海(바다 해) 外(바깥 외) 投(던질 투) 資(자본 자): 수익을 목적으로 해외에 생산 요소를 이전하여 투자하는 것

해외투자란 이익을 목적으로 자본·기술·인력 등의 생산 요소를 해외에 이전(移轉)하여 투자하는 것을 말해요. 이때 투자를 한 사람이 직접 경영에 참여하면 '해외직접투자', 하지 않으면 '해외간접투자'라고 해요. 우리나라에서는 해외간접투자를 금지하고 있기 때문에 일반적으로 해외투자라고 하면 해외직접투자를 의미한답니다.

기술 이전(技術移轉)	技(재주 기) 術(방법 술) 移(옮길 이) 轉(옮길 전): 축적된 기술을 상대방에게 넘겨주는 것

이전(移轉)이란 장소나 주소 등을 옮기거나, 권리를 넘겨주거나 받는 것을 의미해요. 기술 이전은 축적된 기술을 상대방에게 넘겨주는 것이죠. 국내에서 기업이나 지역 간에 이뤄지는 기술 이전도 있지만 일반적으로 국가 간에 이뤄지는 이전을 가리켜요. 개발도상국은 선진국으로부터 기술 이전을 받아 경제 성장의 계기를 마련하기도 해요. 또한 선진국끼리도 첨단 기술의 이전을 통해 경제 발전을 도모한답니다.

첨단 기술이 적용된 항공기

특화(特化)	特(특별할 특) 化(될 화): 자신이 잘하는 일을 전문적으로 하는 것

사람은 누구나 다른 사람보다 더 잘하는 일 한 가지씩은 가지고 있어요. 어떤 사람은 축구를 잘하고, 어떤 사람은 노래를 잘하지요. 자기가 못하는 일은 포기하고 잘하는 일만을 전문적으로 한다면 여러 면에서 효율적이겠죠? 이렇듯 자신이 잘하는 일을 전문적으로 하는 것을 특화라고 해요. 경제학에서는 기업별, 국가별로 특화하여 생산을 하면 특화하지 않을 때보다 경제적 이득을 볼 수 있다고 봐요. 경제학자 데이비드 리카도(D. Ricardo)는 '비교우위론'을 통해 특화를 통한 국제 교역의 장점을 증명했답니다.

02 | 국제 수지와 세계화

국가가 일정 기간 동안 외국과의 거래 내용을 기록하여 경제 정책의 기초 자료로 활용하는 것이 바로 국제 수지표이다. 일반적으로 국제 수지는 경상 수지를 의미할 정도로 경상 수지가 경제에 끼치는 영향이 크다. 경상 수지 흑자는 고용 확대와 소득 증대에 기여하지만, 지속적인 경상 수지 흑자는 물가 상승과 무역 마찰을 일으키기도 한다. 오히려 적자가 통화량을 감소시켜 물가를 낮추는 효과를 보일 때도 있다. 또한 국제 거래에서는 환율과 세금 등이 중요한 영향을 미친다.

국제 수지(國際收支)	國(나라 국) 際(사이 제) 收(거둘 수) 支(가를 지): 한 나라가 교역을 통해 벌어들이거나 지출한 것을 계산한 것

각 가정에서도 일을 통해 수입을 얻고 지출을 하듯이, 한 나라도 다른 나라와의 교역을 통해 돈을 벌거나 쓰기도 해요. 이처럼 한 나라가 일정 기간 동안 다른 나라와 거래하여 외화를 벌어들이거나 지급한 것을 계산한 것을 국제 수지라고 해요. 이것을 표로 나타내면 국제 수지표가 되지요. 국제 수지는 크게 경상 수지와 금융 계정, 자본 수지로 나뉘어요.

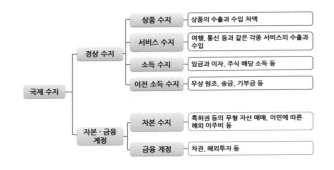

국제 수지표 (國際收支表)	國(나라 국) 際(사이 제) 收(거둘 수) 支(가를 지) 表(표 표): 한 나라의 교역 내용을 체계적으로 분류하여 기록한 표

가정에서의 수입과 지출을 정리한 것을 가계부라 하죠. 기업도 수입과 지출을 기록하여 회계 장부를 만듭니다. 국가 역시 외국과의 교역 내용을 정확히 기록한 기초 자료를 통해 경제 상황을 파악하고 경제 정책을 수립해요. 이처럼 국제 수지표는 일정 기간 동안 한 나라가 외국과의 교역을 통해 나타난 거래 내용을 체계적으로 분류하여 기록한 표예요. 우리는 국제 수지표를 통해 한 나라가 재화와 서비스를 팔아서 외국으로부터 얼마만큼의 외화를 벌었고, 외국에서 재화와 서비스를 구입하기 위해 외화를 얼마나 지출했는지를 알 수 있죠. 더 나아가 국제 수지표를 통해 남은 외화를 어떻게 사용했는지, 부족한 외화는 어떻게 조달했는지도 알 수 있어요.

준비 자산(準備資産)	準(준할 준) 備(갖출 비) 資(재물 자) 産(낳을 산): 중앙 은행이 외환 시장 개입을 위해 사용할 수 있는 외화 자산

중앙은행, 즉 한국은행이 외환 시장에 개입하여 국제 수지의 불균형을 해결하기 위해 사용할 수 있는 외화 자산을 준비 자산이라고 해요.

경상 수지(經常收支)	經(지날 경) 常(항상 상) 收(거둘 수) 支(가를 지): 실물 부문에서 외국과의 교역에서 수입에서 지출을 뺀 금액

경상 수지는 한 나라가 실물 부문에서 다른 나라와의 거래를 통해 벌어들인 수입에서 지출을 뺀 금액을 말해요. 경상 수지는 상품 수지, 서비스 수지, 소득 수지, 이전 소득 수지로 구성되어 있어요. 경상 수지는 국제 수지의 흐름을 파악하는 기본 자료가 되기 때문에 수지표에서 가장 중요한 항목이랍니다.

적자(赤字)	赤(붉을 적) 字(글자 자): 벌어들인 외화보다 지출한 외화가 많은 경우

한자 그대로 뜻을 풀면 붉은 글자를 말해요. 옛날에 장부(帳簿, 수입과 지출을 기입한 책)에 손해를 표시할 때 붉은 글자로 표기한 데에서 유래한 말이에요. 경제 용어로는 수입보다 지출이 더 많은 상태를 의미하지요. 예를 들어 국제 수지는 일반적으로 경상 수지를 의미하는데, 국제 수지 적자는 벌어들인 외화보다 지출한 외화가 많은 경우를 말해요.

흑자(黑字)	黑(검을 적) 字(글자 자): 지출한 외화보다 벌어들인 외화가 많은 경우

한자 그대로 뜻을 풀면 검은 글자를 의미해요. 경제 용어로는 적자의 반대, 즉 이익이 지출보다 많은 경우를 말해요. 국제 거래에 있어서는 벌어들인 외화가 지출한 외화보다 많은 경우를 말한답니다. 흑자가 항상 좋은 것만은 아니에요. 경상 수지가 지속적으로 흑자 상태가 되면 국내 통화량을 증대시켜 물가 상승을 일으키고 한국은행의 통화 정책을 어렵게 만들어요. 또 교역 대상국과 무역 마찰이 야기될 수도 있답니다.

외환(外換)	外(바깥 외) 換(바꿀 환): 외화와 더불어 외국의 수표, 어음, 예금 등을 모두 포함하는 말

외환은 외국 화폐인 외화뿐만 아니라 화폐 대신 사용할 수 있는 외국의 수표, 어음, 예금 등을 모두 포함하는 개념이에요. 세계 각 나라가 자국(自國, 자신의 나라)의 고유 화폐를 가지고 있으니 외환 역시 다양하지요. 이렇게 다양한 외환이 교환되는 곳이 바로 외환 시장이에요.

환율(換率)	換(바꿀 환) 率(비율 율): 두 나라 화폐 사이의 교환 비율

환율이란 두 나라 화폐 사이의 교환 비율을 말해요. 현재 세계 외환 시장에서 미국의 달러화가 거래의 중심 화폐로 사용되고 있어요. 따라서 대부분의 국가에서는 자기 나라의 화폐가 미국 1달러 당 얼마에 교환될 수 있는가를 표시하는 방식으로 교환 비율을 나타내고 있지요. 예를 들어 미국 달러 1달러를 우리나라 원화 1,000원으로 교환할 수 있다면 환율은 '1,000원/달러'로 표시해요. 따라서 환율은 외환의 가격을 자국 화폐 단위로 표현한 것이라고 할 수 있어요.

외채(外債)	外(바깥 외) 債(빚 채): 정부나 기업이 외국에서 빌려 쓴 돈

외채란 정부나 기업이 외국으로부터 빌려 쓴 여러 형태의 빚을 말해요. 국제 신용 평가 기관에서 결정한 신용등급이 높을수록 상환(償還, 빚을 갚음) 시기와 이자율 면에서 좋은 조건으로 외채를 얻을 수 있어요.

자유무역협정 (自由貿易協定)	自(스스로 자) 由(행할 유) 貿(무역할 무) 易(바꿀 역) 協(화합할 협) 定(정할 정): 국가 간 자유로운 무역을 위해 무역 장벽을 완화하거나 없애는 것을 목적으로 하는 협정

자유무역협정은 자유로운 무역을 위해 무역에 제약이 될 수 있는 조건이나 장벽을 없애고자 하는 양국 간 또는 지역 간 협정을 말해요. FTA(Free Trade Agreement)라는 영어 약자가 우리에게 더 익숙하지요.

5 글로벌 경제와 지역 변화

세계화의 흐름 속에서 다국적기업의 활동이 활발해지고 있다. 이는 다른 나라와의 관계가 우리의 삶에 미치는 영향이 커지고 있음을 의미한다. 그렇다면 세계화가 지역에 미치는 영향은 무엇일까. 세계화는 남북문제를 더욱 심화시킬 수 있으며 지역의 정체성을 잃게 할 수도 있다. 세계화를 통해 발전의 기회와 성장의 가능성을 얻기 위해서는 우리가 나아가야 할 방향에 대한 진지한 성찰과 고민이 필요하다.

다국적기업(多國籍企業) | **개발도상국**(開發途上國) | **상업적 농업**(商業的農業) | **농업**(農業)**의 기업화**(企業化) | **곡물자급률**(穀物自給率) | **남북문제**(南北問題) | **공정 무역**(公正貿易)**/ 공정 여행**(公正旅行) | **생태 도시**(生態都市) | **지역화**(地域化) | **지리적 표시제**(地理的表示制)

다국적기업 (多國籍企業)	多(많을 다) 國(나라 국) 籍(문서 적) 企(꾀할 기) 業 (기업 업): 국적을 넘어 세계에서 활동하는 기업

국적을 뛰어넘어 세계에서 활동하는 기업을 말해요. 세계기업(world enterprise)이라고도 불러요. 하나 혹은 둘 이상의 국가에 법인 등록을 하고 여러 지사를 두고 활동하는 경우를 들 수 있어요. 자국에서의 이익에 만족하지 않고 해외 시장을 개척해 현지에 생산 공장을 두고 생산과 판매를 하는 것이죠. 다국적기업은 직접 투자의 한 형태로서 단순히 해외에 지점이나 자회사를 두는 것이 아니라 현지 국적을 취득한 현지 법인이 현지의 실정에 맞게 움직인다는 점에서 큰 차이가 있어요.

개발도상국 (開發途上國)	開(열 개) 發(일어날 발) 途(길 도) 上(위 상) 國(나라 국): 산업의 근대화와 경제개발이 뒤지고 있는 나라

산업의 근대화와 경제개발이 아직 이뤄지지 않아 현재 개발을 진행하고 있는 국가들을 일컫는 말이에요. 지식, 기술, 사회 제도 등이 선진국의 수준에 이르지 못한 상태에 놓여 있어요. 아시아, 아프리카, 라틴아메리카의 여러 나라들이 개발도상국에 속해요.

상업적 농업 (商業的農業)	商(장사 상) 業(업 업) 的(과녁 적) 農(농사 농) 業(업 업): 판매를 목적으로 짓는 농사

산업화가 이뤄지기 전에 사람들은 대개 농촌에 거주하면서 자신이 직접 농사를 지어 생계를 유지했어요. 자신이 농사지은 것을 자신이 소비하는 자급자족(自給自足)의 방식으로 살아간 거예요. 하지만 산업화 이후 도시화가 진행되어 농산물에 대한 수요가 증가하고, 농업 기술의 발달로 생산량이 증가하면서 농촌에서는 판매를 위해 농사를 짓기 시작했어요. 이처럼 판매를 목적으로 짓는 농사를 상업적 농업이라고 해요. 신선한 농산물 공급을 위해 주로 도시 근교(近郊, 가까운 지역)에서 상업적 농업이 이뤄져요.

농업(農業)의 기업화(企業化)	農(농사 농) 業(업 업) 企(꾀할 기) 業(기업 업) 化(될 화): 기업이 농장을 운영하는 농업 생산 방식

과거 농촌에서 농부들이 소규모로 실시하던 농업 활동이 점차 기업의 활동으로 변해가고 있는 추세예요. 상업적 농업으로 이윤이 커지고 첨단 농기계의 도입 등이 이뤄지면서 기업이 막대한 자본을 투입해 종자 개량, 농산품 개발, 광고 홍보 및 경작 등의 일을 맡아 하는 농업의 기업화가 진행되고 있답니다.

곡물자급률 (穀物自給率)	穀(곡식 곡) 物(물건 물) 自(스스로 자) 給(공급할 급) 率(비율 률): 한 나라의 곡물 총 소비량 중 자국 생산 곡물이 차지하는 비율

곡물자급률은 한 나라의 곡물 총 소비량 중에서 국내에서 생산한 곡물이 차지하는 비율을 말해요. 곡물은 식량의 기본이기 때문에 곡물자급률은 식량자급률(食糧自給率, 한 나라의 식량 총 소비량 중 국내에서 생산되어 공급되는 정도)의 대표적 기준이 되지요. 우리나라는 쌀의 자급률은 높지만 옥수수와 밀은 자급률이 낮은 편이에요.

남북문제(南北問題)	南(남쪽 남) 北(북쪽 북) 問(물을 문) 題(물음 제): 선진 공업국과 개발도상국 간의 경제적 격차 문제

지도를 보면 선진 공업국들은 주로 북반구에 있고 개발도상국들은 주로 적도 부근과 남반구에 있어요. 적도를 기준으로 북쪽은 경제적으로 풍요로운 반면, 남쪽은 어려움을 겪고 있는 셈이지요. 이처럼 선진 공업국과 개발도상국 간의 경제적 격차와 이에 따른 갈등 현상을 남북문제라 불러요.

공정 무역(公正貿易)	公(공평할 공) 正(바를 정) 貿(무역할 무) 易(바꿀 역): 국가 간 공정한 무역

공정 무역이란 말 그대로 국가 간의 공정한 무역으로, 윤리적 소비 운동의 일환이에요. 기존의 국제 무역 방식으로는 전 세계 국가 간의 경제적 격차를 극복하는 데 한계가 있어요. 따라서 개발도상국의 생산자와 노동자들에게 좀 더 좋은 무역 조건을 제시해서 지속 가능한 경제 발전에 기여하고자 하는 것이 바로 공정 무역이랍니다. 생산자와 소비자 간의 직거래, 공정한 가격 제시, 건강한 노동, 환경 보존 등을 모두 포함하는 개념이에요. 제3세계 생산자가 만든 상품을 합리적인 가격으로 구입하여 생산자와 노동자들이 빈곤으로부터 벗어날 수 있게 도움을 주는 것이 목적이지요.

공정 여행(公正旅行)	公(공평할 공) 正(바를 정) 旅(나그네 여) 行(갈 행): 관광지의 환경과 현지인의 삶과 문화를 존중하면서 이뤄지는 여행

현지의 자연환경을 해치지 않고 현지인의 삶과 문화를 존중하면서, 동시에 경제적 혜택이 현지인에게 돌아가는 착한 여행을 말해요. 공정 여행은 기존의 여행이 지나치게 상업적 성격을 지니게 되면서, 자연을 해치고 현지인들의 일상을 파괴하는 면을 지니고 있다는 반성에서 출발하게 되었어요.

생태 도시(生態都市)	生(날 생) 態(모양 태) 都(도시 도) 市(시장 시): 환경오염 물질 배출의 최소화, 에너지 효율의 최대화, 자원의 효율적 재활용이 이뤄지는 도시

산업 발달로 많은 사람들이 모여 살고 있는 도시에서는 불가피하게 오염 물질이 배출될 수밖에 없어요. 이러한 도시의 문제점을 해결하기 위해 오염 물질 배출을 최소화하고, 에너지 효율은 최대화하며, 자원의 재활용이 효과적으로 이뤄질 수 있도록 체계를 갖춘 도시가 생겨났죠. 이런 도시를 생태 도시라고 해요. 브라질의 '쿠리치바(Curitiba)'가 대표적이에요.

지역화(地域化)	地(땅 지) 域(지경 역) 化(될 화): 지역의 특성과 정체성이 세계적으로 확산되는 현상

지역화란 어떤 지역의 특성과 잠재력을 개발하여 세계화된 흐름 속에서 경쟁력을 갖추어 전세계적으로 확산되는 현상을 말해요. 세계화가 빠르게 진행되면서 특정 지역의 전통과 문화가 사라져가고 있어요. 이런 상황에서 지역화에 앞장선다면 지역의 정체성을 전 세계에 알리고 문화의 다양성을 유지해갈 수 있지요. 지역화는 지역의 특수성을 세계적 보편성과 결합시켜 확산시키는 과정이라고도 말할 수 있어요.

지리적 표시제 (地理的表示制)	地(땅 지) 理(다스릴 리) 的(과녁 적) 表(겉 표) 示(보일 시) 制(법도 제): 특정 지역의 우수 농산물 및 가공품에 지역 표시를 하여 지적 재산권을 보장하는 제도

보성 녹차, 순창 고추장, 해남 고구마 등처럼 지역 이름이 상품 이름에 함께 표시되어 소비자에게 더 큰 만족과 신뢰를 주는 상품들이 있어요. 어떤 상품의 특성과 명성이 특정 지역의 지리적 특성에서 비롯되는 경우, 상품의 이름에 지역 명칭을 함께 붙이는 것이죠. 특정 지역의 상품이 더욱 유명하게 된 데에는 그 지역만의 특수한 환경과 상품 제조 방법 등이 다른 지역이 흉내 낼 수 없는 독특함과 뛰어난 상품의 질을 만들어내기 때문이에요. 이렇듯 특정 지역의 우수 농산물 및 가공품에 지역 이름을 함께 표시할 수 있게 하고 다른 지역에서 함부로 이를 사용할 수 없게 하여 지적 재산권을 보장하는 제도를 지리적 표시제라고 해요.